Kohlhammer

Autorin und Autor

Dr. Heike Hammann, Verwaltungs- und Wirtschaftsmediatorin, ist als Rechtsanwältin tätig und hat Bürgerbeteiligungsverfahren evaluiert. Zudem ist sie Dozentin und Leiterin von Seminaren zu den Themen Kommunikation und Konfliktmanagement.

Prof. Dr. Wolf-Dietrich Hammann, Jurist, Ministerialdirektor a.D., war 40 Jahre in der baden-württembergischen Landesverwaltung tätig, u. a. als Landes-Polizeipräsident und Ministerialdirektor im Integrationsministerium. Zudem war er als Dozent für Öffentliches Recht an der Fachhochschule für öffentliche Verwaltung in Kehl, an der Führungsakademie Baden-Württemberg in Karlsruhe und als Lehrbeauftragter für Öffentliches Recht an der Universität Konstanz tätig.

Dr. Heike Hammann
Prof. Dr. Wolf-Dietrich Hammann

Sturer Gesetzesvollzug ist nicht alles

Ein Plädoyer für eine moderne
Ermessensverwaltung

Verlag W. Kohlhammer

Dieses Werk einschließlich aller seiner Teile ist urheberrechtlich geschützt. Jede Verwendung außerhalb der engen Grenzen des Urheberrechts ist ohne Zustimmung des Verlags unzulässig und strafbar. Das gilt insbesondere für Vervielfältigungen, Übersetzungen, Mikroverfilmungen und für die Einspeicherung und Verarbeitung in elektronischen Systemen.
Für den Inhalt abgedruckter oder verlinkter Websites ist ausschließlich der jeweilige Betreiber verantwortlich. Die W. Kohlhammer GmbH hat keinen Einfluss auf die verknüpften Seiten und übernimmt hierfür keinerlei Haftung.

Umschlagabbildung © kristina - stock.adobe.com

Auflage 2025

Alle Rechte vorbehalten
© W. Kohlhammer GmbH, Stuttgart
Gesamtherstellung: W. Kohlhammer GmbH, Heßbrühlstr. 69, 70565 Stuttgart
produktsicherheit@kohlhammer.de

Print:
ISBN 978-3-17-046226-7

E-Book-Formate:
pdf: ISBN 978-3-17-046227-4
epub: ISBN 978-3-17-046228-1

Inhalt

Einführung: Überregulierte Gesetze, Spielräume der Verwaltung und Bürgerpartizipation 7

- I. Grenzen repräsentativer Demokratie 7
- II. Bürokratie, mangelnde Steuerkraft der Gesetze und überforderte Verwaltung 8
- III. Kundenorientierung und Bürgerpartizipation 14
- IV. Verhandelnde Ermessens-Verwaltung 15
- V. Was die Autoren wollen 19

Erster Teil: Beispiele und Formen der Bürgerbeteiligung – Bürger und Verwaltung im Dialog 20

- I. Schlichtung »Stuttgart 21« 23
- II. Bürger- und Verbändebeteiligung »Biosphärengebiet Schwäbische Alb« 31
- III. Einwohnerinformation und -dialog zur Flüchtlingserstunterbringung 2014/2015 34
- IV. Mediation der Planung der Kreisstraße 7743 im Bodenseekreis 38
- V. Bürgerpartizipation bei der Ausweisung des »Nationalparks Schwarzwald« 40
- VI. Bürgerforum Corona 43
- VII. Bürgerforum Opernhaus Stuttgart 45
- VIII. Grundlegende Voraussetzungen von guter Bürgerbeteiligung 47

Inhalt

Zweiter Teil: Problemlösung durch strukturierte Verhandlungen 69

- I. Grundlagen – Wie können Verhandlungen funktionieren? 69
- II. Wo gibt es mögliche Verhandlungshindernisse? 72
- III. Was die Verfassung zum Verhandeln sagt 82
- IV. Potenzial verhandlungsbereiter Bürger? 85

Dritter Teil: (Ver-)Handlungs- und Entscheidungsspielräume der Verwaltung 88

- I. Ermessen 92
- II. Unbestimmte Rechtsbegriffe und technische Verwaltungsvorschriften 101

Vierter Teil: Verwaltungsverfahren für eine verhandelnde Verwaltung 110

- I. Verhandeln innerhalb allgemeiner Verwaltungsverfahren 110
- II. Die Handlungsformen der Verwaltung nach Verhandlungen mit dem Bürger 114
- III. Zusammenfassung: Die erfolgreiche Verwaltung beteiligt die Bürger und verhandelt mit ihnen 130

Einführung: Überregulierte Gesetze, Spielräume der Verwaltung und Bürgerpartizipation

I. Grenzen repräsentativer Demokratie

»*Alle Staatsgewalt geht vom Volke aus*« bestimmt unser Grundgesetz in Artikel 20. Aktuell scheint aber trotz dieser eindeutigen Regelung ein Hauch von Staats- und Politikverdrossenheit durchs Land zu wehen. Offensichtlich fragen sich immer mehr Menschen, weshalb ihnen zwar die Verfassung alle Macht zugesteht, sie aber bei konkreten Entscheidungen der Politik und Verwaltung so wenig mitzureden haben. Viele Bürger scheinen nicht mehr zufrieden damit zu sein, alle paar Jahre ein Kreuz auf dem Stimmzettel zu machen. Sie wollen vielmehr mitentscheiden, ob und wo die Umgehungsstraße gebaut, das Industrie- oder Wohngebiet erweitert, die Flüchtlingsunterkunft eingerichtet wird und vieles mehr. Sie geben sich auch nicht mehr ohne Weiteres zufrieden mit dem angeblich häufigen Einwand einer konservativen Verwaltung, *das sei nun mal gesetzlich so geregelt, das habe die Politik so entschieden, wir können gar nicht anders.*

Das bekannteste Beispiel dieser Emanzipation der Bürger ist der Bahnhofsumbau in Stuttgart, »*Stuttgart 21*«. Über Jahrzehnte geplant, mit allen Feinheiten der Planfeststellung bürokratisch in einem ordnungsgemäßen Verfahren gesichert und von den Gerichten bestätigt, war ein Großteil der Bürger von diesem Projekt nicht überzeugt. Die

Menschen fühlten sich bei der Planung nicht »mitgenommen«, sondern von dem Plan eher »überfahren«.

Die Politik, die Projektpartner und die Verwaltung hatten nicht rechtzeitig erkannt, dass die auftretenden Konflikte eine besonders enge und vor allem frühe Kooperation mit den Bürgern erfordert hätte. Es kam zu heftigsten Protesten, die in einem unschönen Polizeieinsatz gipfelten. Erst die sogenannte »Schlichtung« unter Führung des CDU- Politikers Heiner Geißler mit Beteiligung der Bürger, bei welcher weitere kreative Varianten zur Sprache kamen, schuf mit ihrem »Faktencheck« eine Versachlichung und das Gefühl von Mitbestimmung bei den Bürgern. Erst eine Volksabstimmung, die das Parlament schließlich in die Wege leitete, brachte dann Ruhe.

Die Konfliktschlichtung mit Heiner Geißler hatte zwar keine unmittelbare rechtliche Verbindlichkeit. Sie kam auch viel zu spät. Wäre sie aber dem förmlichen Verwaltungsverfahren vorgelagert erfolgt, hätte das Projekt mit Sicherheit sehr viel mehr Akzeptanz erfahren. Heiner Geißler hat gezeigt, dass die Konflikte grundsätzlich verhandlungsfähig waren, dass es Optimierungsmöglichkeiten gab und dass trotz der langen verkorksten Geschichte des Projekts ein vielleicht geringes, aber ausreichendes Vertrauen zwischen Projektbefürwortern und -gegnern herrschte, das Verhandlungen möglich machte.

II. Bürokratie, mangelnde Steuerkraft der Gesetze und überforderte Verwaltung

Die Politik spricht in praktisch jedem Koalitionsvertrag und in jeder Regierungserklärung von Bürokratieabbau. Es geschieht aber wenig – eher im Gegenteil, fast jeder im Staat hat den Eindruck, dass die Bürokratie überbordet.

Die Politik hat im Prinzip erkannt, dass der Staat mit der Lösung gesellschaftlicher Probleme häufig überfordert ist und die Steuerungs-

II. Bürokratie, mangelnde Steuerkraft der Gesetze und überforderte Verwaltung

kraft der Gesetze erlahmt, weil Gesetze allein die komplexen Problemlagen und -situationen einer zunehmend individualisierten Gesellschaft nicht mehr in einer als *gerecht, effizient und praktikabel* empfundenen Weise lösen können.

Viele Entscheidungen der Verwaltung landen vor Gericht, die Verfahren ziehen sich oft viele Jahre hin. So entsteht auch Frust auf der anderen Seite, weil Verwaltung und Politik ihre Entscheidungen nicht umsetzen können. Die *schlanke Verwaltung* und der Personalabbau in Exekutive und Judikative und die schleppende Digitalisierung der Verwaltungs- und Gerichtsprozesse führt zu Verzögerungen überall. »*Bürokratisierung*« scheint der Hauptproblempunkt einer Gesellschaft zu sein, deren Problemumfang gefühlt wächst. Manche, wie der Landes- und Fraktionsvorsitzende der baden-württembergischen CDU, Manuel Hagel, wollen deshalb die Behördenlandschaft weiter verschlanken, um den Bürokratiedschungel zu lichten. Hagel glaubt, dass die Verwaltungsverfahren zu lange dauern, weil sich zu viele Ämter mit den gleichen Fragen beschäftigten. Von den fünf Verwaltungsebenen in Baden-Württemberg (Ministerien, Regierungspräsidien, Regionalverbänden, Landratsämtern, Bürgermeisterämtern) könnten nach seiner Auffassung mindestens zwei gestrichen werden, weil jeder dritte Vorgang von mehreren Behörden bearbeitet werde.

Viele Bundesländer haben in den vergangenen Jahrzehnten Verwaltungsreformen durchgeführt. Es ging immer um die Strukturen der Verwaltungsorganisation, die durch die Reform verbessert werden sollten. Eine echte Aufgabenkritik fand bei allen Reformen jedoch nicht statt. Und auch die Frage, ob die Verwaltung durch die Gesetzesflut und das Perfektionsstreben der Parlamente nicht gelähmt werde, wurde zu selten gestellt.

»Bürokratieabbau« muss deshalb auch über die Gewaltenteilung nachdenken. Allein der Abbau von Verwaltungsebenen wird wenig an der Bürokratie ändern. Das Problem liegt wohl weniger an den Organisationsstrukturen der Exekutive, als am Umfang der vom Gesetzgeber vorgegebenen Verwaltungsaufgaben und der Knebelung der Exekutive durch die stetige Verengung der Spielräume der Verwaltung. Auch die Justiz, die der Verwaltung durch die Rechtsprechung weitere Entscheidungsschritte und -verfahren vorschreibt, um ihr Bild von der Wirklichkeit durchzusetzen, knebelt die Verwaltung. Die Justiz sollte weder zum Ersatzgesetzgeber werden noch ihr Ermessen an die Stelle der Verwaltung setzen. Wobei konstatiert werden muss, dass die Parlamente und die Exekutive oft – aufgrund Entscheidungsschwäche – zwingend gebotene Veränderungen nicht in Angriff nehmen und die Justiz, insbesondere das Bundesverfassungsgericht hier »Nachhilfe« leisten muss. So brachte erst die Justiz eine Änderung der Grundsteuer, deren Festsetzung nach den Steuergesetzen eklatant ungerecht war, ins Rollen.

Das muss nicht einmal als Ausdruck des Misstrauens der Ministerien, der Parlamente und der Gerichte in die ausführenden Behörden vor Ort gewertet werden. Es scheint vielmehr das Bestreben, der in den letzten Jahrzehnten personell gewaltig erweiterten Ministerien, Parlamente und Gerichte zu sein, alles – durchaus gut gemeint – besser und gerechter zu machen. Dass auf diese Weise die Bürokratie vor Ort aufgebläht wird und Verwaltungsentscheidungen stocken, komplizierter und schwerfälliger für die handelnden Behörden werden, wird zu wenig bedacht. Manchmal entstehen auf diese Weise auch neue Ungerechtigkeiten im Einzelfall.

Wirksamer als eine Strukturreform wäre eine Aufgabenreform, bei der jegliche öffentliche Aufgabe und jedes dazu entwickelte Verfahren auf den Prüfstand kommt, mit dem Ziel, Aufgaben abzubauen, Verfahren zu vereinfachen und vor allem die Akzeptanz von Verwaltungsentscheidungen bei den Bürgern zu erhöhen. Dies kann gelingen, wenn die Entscheidungskompetenzen der Behörden durch weniger Detailregelungen mit mehr Spielraum und insbesondere durch frühe Beteiligung der Bürger an Verwaltungsentscheidungen neu gesehen werden.

In der Praxis findet man immer mal wieder kuriose Fälle der Überreglementierung. Ein Beispiel für eine fast schon satirische gesetzliche

II. Bürokratie, mangelnde Steuerkraft der Gesetze und überforderte Verwaltung

Detailregelung machte der ADAC (Allgemeiner Deutscher Automobil Club) im Sommer 2024 über die Medien öffentlich: Es ging dabei um die gesetzlichen Regeln für Parkscheiben, deren Bedeutung angesichts der zahlreichen Parkscheinautomaten sowieso stetig abnehme. Eine Parkscheibe müsse nach den gesetzlichen Vorschriften immer blau-weiß sein. Es gebe sie zwar auch in anderen Farben, doch solche Parkscheiben dürften nicht benutzt werden. Auch Format und Beschriftung seien vorgegeben: Die Parkscheibe müsse 11 cm breit und 15 cm hoch sein. Auch die Nummerierung müsse in die richtige Richtung laufen, 1,2,3 und so weiter von links nach rechts, und nicht etwa 3,2,1, sonst drohe ein Bußgeld von 20 Euro.

Ein weiteres Beispiel kann ein Rechtsstreit aus dem Sommer 2024 liefern: Aldi Süd und die baden-württembergische Verbraucherzentrale stritten sich vor dem Europäischen Gerichtshof. Eine beworbene Preisreduzierung müsse immer auf der Grundlage des niedrigsten Preises der vergangenen 30 Tage berechnet werden, habe der Europäische Gerichtshof entschieden.

Aldi Süd hatte nach Zeitungsmeldungen Bananen mit einer Reduzierung von 23 Prozent beworben, der Preis von 1,29 Euro sei groß dargestellt gewesen, der Streichpreis von 1,69 Euro etwas kleiner daneben. Noch kleiner sei im Prospekt dargestellt gewesen, dass es sich bei den 1,69 Euro um den letzten Verkaufspreis gehandelt habe, der niedrigste Kaufpreis innerhalb der letzten 30 Tage aber bei 1,29 Euro gelegen habe. Deshalb hielt das Gericht die Werbeaktion für rechtswidrig.

Es ist für den Bürger auch schwer nachvollziehbar, dass das Aufstellen von Sitzbänken in der Landschaft mit von Gesetzen und Rechtsprechung perfektionierten Haftungsfragen verbunden wird. Für sogenannte atypische Waldgefahren, wie Unfälle durch unsichere Sitzbänke oder auf Sitzbänke herabfallende Äste haftet der Waldbesitzer oder die bankaufstellende Kommune. Einzelne Kommunen würden – weil sie diese Haftung nicht übernehmen wollten – deshalb die bei Touristen und Einheimischen beliebten Ruhemöglichkeiten teilweise abbauen meldeten die Zeitungen. Auch der Umtausch alter Führerscheine ist ein solches Bürokratie-Monster. Alle Führerscheine, die vor dem 19.1.2013 ausgestellt wurden, müssen umgetauscht werden. Für den Umtausch ist die Führerscheinstelle des aktuellen Wohnorts zuständig. Zum Umtausch muss ein Termin gebucht werden. Zum Termin müssen Personalausweis oder Reisepass, ein Lichtbild mit aktuellem biometrischen Foto und der alte Führerschein vorgelegt werden. Wurde der alte Führerschein nicht von der Behörde des aktuellen Wohnsitzes ausgestellt, wird eine sogenannte Karteikartenabschrift der ursprünglich ausstellenden Behörde benötigt. Diese kann man per Post, per Telefon oder auch online beantragen. Rund 25 Euro Gebühren fallen hierbei an, zuzüglich die Kosten für Versand und Zustellung.

Das sind nur wenige, willkürlich ausgewählte Beispiele, wie neue und »perfekte« Gesetze Bürokratie produzieren und Bürger und Verwaltung (unnötig) beschäftigen. Sinn und Zweck der Neuregelungen werden für den Bürger oft nicht transparent. Darin droht die Verwaltung zu ersticken. Neue komplexe Regelungen wie das von der »Ampelkoalition« 2024 reformierte Einbürgerungsrecht können oft kaum noch Wirkung entfalten, weil die Verwaltung sie nicht bewältigt. Im Sommer 2024 lagen bei der Stadt Stuttgart beispielsweise 8.000 unbearbeitete Einbürgerungsanträge. Die Verfahren dauerten im Schnitt eineinhalb Jahre.

Auch beispielsweise im Ausländerrecht konnte der Gesetzgeber der Versuchung, immer mehr Details der Aufenthaltsbestimmungen zu regeln, nicht widerstehen. Generalklauseln wurden abgeschafft und im Bemühen, alle denkbaren Probleme des Aufenthalts von Migranten zu regeln und der streitigen öffentlichen Diskussion um Migration und Integration gerecht zu werden, hat der Gesetzgeber sich mit zahllosen Änderungen des Aufenthaltsgesetzes verwirklicht. Einzelne Paragraphen wurden bis zu einer Verfeinerung von zehn Unterparagraphen

II. Bürokratie, mangelnde Steuerkraft der Gesetze und überforderte Verwaltung

(vgl. etwa § 18a bis § 18i Aufenthaltsgesetz – es geht um Fachkräfteeinwanderung) aufgefächert. Seit dem Jahr 2015 gab es nahezu 50 Änderungsgesetze zum Aufenthaltsgesetz. Das klingt fast nach Regelungswut.

Laut einer Umfrage des Südwestrundfunks und der Universität Konstanz im Jahre 2024, an der sich über 1.000 Amtsleiterinnen und Amtsleiter beteiligten, erklärten 84 Prozent, dass Entscheidungen viel häufiger als früher von den Bürgern in Frage gestellt würden. Das Vertrauen in die Verwaltung nehme ab. 93 Prozent der Behörden klagten über Fachkräftemangel in der Verwaltung. Alle diese Probleme hätten laut der Umfrage ihre Ursache in zunehmender Bürokratie, neuen Aufgabenbereichen durch neue Verordnungen und Gesetze und die mangelhafte Digitalisierung der Verwaltung.

Die Verwaltungsmitarbeiter haben gelernt, den Sinn und die Zielrichtung eines Gesetzes zu erkennen und entsprechend die ihnen vorliegenden Einzelfälle zu entscheiden. Sie können mit Generalklauseln und Ermessensregeln umgehen und ihren Spielraum im Sinne des öffentlichen Interesses und der Bürgerinteressen nutzen, ohne dass der Gesetzgeber alle Details regelt. Sie haben auch gelernt, in kritischen Lagen den bestmöglichen Konsens mit den Bürgern und die Akzeptanz ihrer Entscheidung bei den Betroffenen anzustreben.

Der Südwestrundfunk zitiert eine Mitarbeiterin der Stadtverwaltung Stuttgart: »Wenn man irgendwelche Idee hat, dann laufen die über zigtausend Tische bis irgendwann mal entschieden wird. Den Spruch, »das haben wir schon immer so gemacht«, den hört man ständig und ich kann es nicht mehr hören«. Eine langjährige Behördenmitarbeiterin habe in der Umfrage zum Ausdruck gebracht, dass die Bürgerinnen und Bürger nicht mehr als Partner gesehen werden. Wer Fragen stelle, störe. Wer kritische Fragen stelle, sei ein Gegner.

III. Kundenorientierung und Bürgerpartizipation

Trotz dieser pessimistischen Analyse der überbordenden Bürokratie hat die Verwaltung sich in mancherlei Hinsicht auch gewandelt. Die öffentliche Verwaltung modernisiert sich laufend. Bürger werden nicht mehr als Untertanen begriffen und behandelt, in vielen Behörden ist das Leitbild der »Kundenorientierung« die Maxime für Behördenleiter und Mitarbeiter. Neue Steuerungsmodelle nach betriebswirtschaftlichen Grundsätzen wurden von Beratern propagiert und teilweise umgesetzt. Dabei ist allerdings Vorsicht geboten. Die Verwaltung handelt nicht auf einem Markt als Unternehmen, sondern sie ist für die Daseinsvorsorge der Menschen geschaffen. Die Verwaltung hat ein Monopol auf ihre Dienstleistungen und ihre Mitarbeiter sind häufig als Beamte unkündbar. Verwaltung wird rechtlich gesteuert, nicht durch Kennzahlen. Rechtsansprüche dominieren den Ressourceneinsatz.

Das bedeutet aber nicht zwangsläufig, dass die verbliebenen Spielräume nicht durch bürgerschaftliches Expertenwissen und die Beteiligung der Bürger an der Ausgestaltung der Verwaltungsleistungen für die Bürger als Leistungsnutzer ausgefüllt werden können. Auch neue Methoden des Konfliktmanagements spielen in der Verwaltung eine zunehmende Rolle. Demokratie ist nicht nur eine Staatsform, sondern auch eine Regierungs- und Verwaltungsform. Eine funktionierende und akzeptierte Verwaltung, die von den Bürgern nicht als »bürokratisch« empfunden wird, stärkt die Demokratie, insbesondere wenn sie Mitbestimmung zulässt. Dies hilft, die Demokratie auch als Lebensform zu begreifen, bei der der Staatsbürger eine Pflicht zur politischen Bildung und Beteiligung empfindet. Die Demokratie lässt Kritik zu. Sie lebt aber nicht von der Kritik, sondern vom Engagement der Bürger. Und von der Bereitschaft aller, Kompromisse zu schließen. Kompromisse erfordern immer Abstriche, aber sie ergeben ein sinnvolles Ganzes. Die Devise »Alles oder nichts« bringt meistens nichts und ist selten zielführend.

Echte Bürgerpartizipation, die von beiderseitigem Streben nach Gemeinwohl und nicht vom *Sankt-Florians-Prinzip* (also Probleme nicht lösen, sondern anderswohin verschieben) getragen wird, kann langfristigen Erfolg und die durchgängige Akzeptanz exekutiven Handelns bringen. In einer dynamischen und globalisierten Gesellschaft sind die Veränderungszyklen kurz und abhängig von einem kontinuierlichen Lernprozess von Bürgern und Verwaltung mit zahlreichen Informationen auf neuestem Stand. »Gute« Gesetze lassen dabei der Verwaltung einen Spielraum, um die generell im Gesetz ausgedrückte Meinung und das Ziel des Gesetzgebers unter Berücksichtigung aller Besonderheiten des Einzelfalls umsetzen zu können.

Dazukommen müssen modern interpretierte oder ergänzte Verfahrensschritte. Denn klassisch verstandene und administrierte hoheitliche Entscheidungsinstrumente, wie *Planfeststellungsverfahren, Bebauungspläne oder Erlaubnisse und Verbote aufgrund eines Verwaltungsaktverfahrens* scheinen oft im wahrsten Sinne des Wortes *verfahren*: Niemand hat die Macht, etwas durchzusetzen, aber alle haben die Macht, etwas zu blockieren.

IV. Verhandelnde Ermessens-Verwaltung

Verhandlungen mit dem Ziel, Konsens und ein *mehr* und *besser* gegenüber einer hoheitlichen Vorgehensweise zu erreichen, können die Lösung sein. Die Verwaltung muss ihre Entscheidungen im Dialog mit den Bürgern entwickeln und diese Entscheidungen müssen zügig umgesetzt werden, am besten ohne anschließende Überprüfung durch die Gerichte und die damit verbundene Verzögerung.

Beim Verhandeln denkt man zunächst eher an Kaufleute, Diplomaten, Manager – und wohl nicht an die öffentliche Verwaltung. Sie ist nach unserem Grundgesetz das Exekutivorgan, das mit einseitig hoheitlicher Kraft die Entscheidungen der Parlamente in der Praxis umsetzen soll. Wozu dabei verhandeln? Beim Verhandeln, das man eher im Zivilrecht oder in der internationalen Politik vermutet, geht es ja um gegenseitiges Geben und Nehmen. Das Verwaltungsverfahrensgesetz zeigt, dass Geben und Nehmen aber der Verwaltung nicht fremd sein sollen. *Verhandeln* auf dem Weg zu guten Verwaltungsentscheidungen ist nämlich dort seit langem angelegt. Das Instrument der Verhandlung wird aber – zumindest in der Wahrnehmung der Bürger – eher selten genutzt. Dabei erlaubt der sogenannte *öffentlich-rechtliche Vertrag* – in §§ 54 ff. des Verwaltungsverfahrensgesetzes geregelt – der Verwaltung – genauso wie im Zivilrecht den verhandelnden und vertragsschließenden Bürgern – mit dem Bürger einen zweiseitigen Vertrag zu schließen, anstatt hoheitlich einen einseitigen Verwaltungsakt zu erlassen. Voraussetzung ist allerdings, dass die Verwaltung einen Spiel- und Verhandlungsraum hat und diesen auch nutzt. Fachgesetze lassen oft ganz bewusst einen Entscheidungsspielraum für ihre Umsetzung im Einzelfall. Diese Entscheidungsspielräume sind für Verhandlungen offen.

Öffentliche Investitionen bauliche Maßnahmen oder die Ansiedlung von Unternehmen fordern geradezu die Verhandlung mit den Bürgern bzw. den Investoren.

Die nachfolgenden Ausführungen werden zeigen, dass es in der Praxis die Beweglichkeit für das Verhandeln gibt (und geben muss). Die verhandelnde Verwaltung und der verhandelnde Bürger sind nämlich in vielen Bereichen nicht zur Unbeweglichkeit dank scheinbar perfekter Gesetze und Verwaltungsvorschriften »verdammt«. Sowohl die Grenzen einer Gesetzgebung mit Perfektionsstreben in einer pluralistischen Gesellschaft, als auch das dringende Partizipationsbedürfnis der Bürger und die erforderliche Dienstleistungskultur einer personell geschwächten Verwaltung erfordern geradezu die Verhandlung als ernsthafte Alternative zum klassischen hoheitlichen Verfahren.

Verhandlungen zwischen Verwaltung und Bürger brauchen eine selbstbewusste entscheidungsfreudige Verwaltung mit ausreichenden Ermessensspielräumen. Das Ausländergesetz der 1960er bis 80er Jahre

IV. Verhandelnde Ermessens-Verwaltung

beispielsweise enthielt eine knappe und einfache Regelung mit Spielraum für die Verwaltung: »Ausländer, die in den Geltungsbereich dieses Gesetzes einreisen und sich darin aufhalten wollen, bedürfen einer Aufenthaltserlaubnis. Die Aufenthaltserlaubnis *darf* erteilt werden, wenn die Anwesenheit des Ausländers *Belange der Bundesrepublik Deutschland* nicht beeinträchtigt.« Heutzutage kennt das Aufenthaltsgesetz dagegen zahlreiche detaillierte Arten der Aufenthaltserlaubnis mit unvorstellbar komplizierten Regelungen für alle denkbaren Einzelfälle. Es wurde allein in den vergangenen 10 Jahren etwa 50-mal geändert. Wie soll eine Verwaltung damit umgehen, zumal wenn es ihr an Fachpersonal mangelt.

Wir brauchen also ein Parlament, das sich darauf beschränkt, nur die wesentlichen Aspekte eines Lebenssachverhalts mit grundlegenden Koordinaten zu regeln (wie es das Bundesverfassungsgericht mit seiner »*Wesentlichkeitstheorie*« vorgezeichnet hat) und nicht das Perfektionsstreben der Parlamente, die jedes neu auftauchende Problem und jede neue Frage sofort detailreich regeln wollen. Und wir brauchen gute Fachleute in der Verwaltung, die mit Grundsätzen, Zielvorgaben und Ermessensregelungen umgehen können. Das Parlament sollte auf selbstbewusste Verwaltungspraktiker und Richter vertrauen, die im Einzelfall gerechte Lösungen finden werden. Wenn die Politik den Menschen in der Verwaltung mehr traut als den Vorschriften, wird der Rechtsstaat nicht leiden.

Manche denken beim »Verhandeln« an den Basar: Der Tourist will auf einem Markt ein Kleidungsstück kaufen. Der Verkäufer nennt einen Preis und erklärt, dass dieser schon weit unter dem Wert der Ware liege und er nichts daran verdiene. Der Tourist glaubt das natürlich nicht und macht ein Angebot, das weit unter dem genannten Preis liegt. Der Verkäufer jammert, setzt seinen Preis aber trotzdem etwas herab, der Tourist daraufhin sein Angebot etwas hinauf. Schließlich einigen sie sich auf einen Betrag, der irgendwo in der Mitte liegt. Und beide glauben ein gutes Geschäft gemacht zu haben. In unserer Kultur ist das nicht üblich.

Diese Art Verhandlung ist nicht gemeint, wenn Bürger mit der Exekutive kommunizieren. Hier geht es nicht um einen Kaufpreis oder darum, den anderen zu übervorteilen. Verhandlungen zwischen Bürger und Verwaltung müssen von Vertrauen getragen sein. Es geht um Zusammenarbeit und darum Gemeinsamkeiten zu entdecken sowie kreativ zu sein, um eine Lösung zu finden, die im Idealfall den »Kuchen vergrößern« kann, weil neue Gesichtspunkte und Ausgleichsleistungen hinzukommen. Es geht aber in aller Regel primär darum, einen Kompromiss zu finden, den beide Seiten akzeptieren können, weil sie während der Verhandlung die Rolle und die Interessen des anderen verstanden haben und vielleicht sogar zusätzliche Möglichkeiten der Konfliktlösung entdeckten.

Menschen verhandeln oft kämpferisch. Sie verhandeln, um vom Kuchen das größere Stück zu bekommen. Wirkliche Akzeptanz des Ergebnisses kann so kaum erzielt werden, eine vertrauensvolle Dauerbeziehung ist unmöglich. Beim Verhandeln Staat – Bürger geht es andererseits aber auch nicht darum, falsche Harmonie anzustreben, nur nett zueinander zu sein. Dazu sind die Probleme in aller Regel zu komplex.

Verhandeln zwischen Verwaltung und ihren Kunden, zwischen Staat und Bürger, zwischen Projektträger, Genehmigungsbehörde und betroffenen Nachbarn muss kooperatives Verhandeln sein. Die Verhandlungspartner müssen ihre Verhandlung als Zusammenarbeit begreifen, als möglichst kreative Problemlösung, die keinen Sieger und keinen Verlierer kennt, sondern auf akzeptable Kompromisse aus ist. Die Verhandlungen müssen fair sein und sich auf Sachprobleme konzentrieren. (Negative) Emotionen verhindern dies. Deshalb muss erst die Beziehung bearbeitet werden, wenn solche Emotionen entstehen, bevor ein Austausch auf der Sachebene möglich wird.

Die Verwaltung muss, wenn sie sich auf Verhandlungen einlässt, auch – während der Verhandlungsphase – auf ihre Hoheitsmacht verzichten. Sollte bereits eine Klage anhängig sein, muss das Gerichtsverfahren während der Verhandlungen ausgesetzt werden. Wenn sie ständig darauf hinweist, dass sie die hoheitliche Entscheidungsmacht hat, und den oder die Bürger eigentlich gar nicht braucht, kann sie die Verhandlung gleich lassen. Es wird sonst schnell klar, dass sie nur ein Alibi – »*wir haben doch den/die Bürger beteiligt*« – braucht.

V. Was die Autoren wollen

Dieses Buch ist eine kurze Darstellung der aktuellen Situation der öffentlichen Verwaltung. Es schildert insbesondere die rechtlichen und tatsächlichen Möglichkeiten der Verwaltung, die Bürger an ihren Entscheidungen zu beteiligen. Es ist ein Appell an Juristen und Nichtjuristen in der Politik, der Verwaltung und der Bürgerschaft diese Möglichkeit (verstärkt) zu nutzen. Das Buch ist kein wissenschaftliches Werk, auch wenn wir – beide Juristen mit wissenschaftlichen und praktischen Erfahrungen in der öffentlichen Verwaltung – die juristischen Grundlagen der Bürgerbeteiligung – möglichst auch für Laien verständlich – aufzeigen. Wir tun dies aber in möglichster Kürze in einer auch für Nichtjuristen verständlichen Sprache und ohne Belege und Fußnoten.

Das Buch will einfache Lesbarkeit gewährleisten. Deshalb wurde in der Regel auch bei geschlechtsspezifischen Worten die männliche Form benutzt. Selbstverständlich ist damit aber nicht nur das männliche Geschlecht gemeint, sondern alle Menschen.

Die Autoren kommen aus Baden-Württemberg und haben hier gearbeitet, deshalb stammen auch die praktischen Beispiele vorwiegend aus diesem Bundesland.

Erster Teil: Beispiele und Formen der Bürgerbeteiligung – Bürger und Verwaltung im Dialog

Für die Verwaltung ist es in den letzten Jahrzehnten immer schwieriger geworden, langfristig wirkende und kostenintensive Entscheidungen durchzusetzen. Die Konsequenz daraus war und ist, die Bürgerbeteiligung auszubauen. Allerdings erfordern gute Beteiligungsverfahren personellen Einsatz, gute Methoden und von vornherein klare Zielsetzungen. Bürgerbeteiligung schafft unter diesen Voraussetzungen die Möglichkeit in der modernen Gesellschaft mit ihrer Tendenz zur Individualisierung zu mehr Gemeinsamkeit zu gelangen. Bürgerbeteiligung wird darüber hinaus auch als Möglichkeit gesehen, die Akzeptanzprobleme der Verwaltung zu überwinden. Denn immer häufiger werden Entscheidungen der Verwaltung von den Bürgern in Frage gestellt.

Bürgerbeteiligung ist allerdings nicht nur Bürger*anhörung*. Bürgerbeteiligung ist viel mehr, nämlich vollständige Information, offener Dialog und ergebnisoffene gemeinsame Lösungssuche und Verhandlung. Dies funktionierte hervorragend bei der 2001 in Betrieb gehenden neuen Müllverbrennungsanlage in Nürnberg in der Hinteren Marktstraße. Die vorhergehende Müllverbrennungsanlage von den Nürnbergern »Mülloper« genannt, war seit 1969 im Nürnberger Stadtteil St. Leonhard in Betrieb gewesen. Bei der Planung der neuen Anlage gab es früh Widerstand durch eine Bürgerinitiative. Diese wurde von der Stadt an einen »runden Tisch« gebeten, weil die Stadt erkannte, dass in der Bürgerinitiative technisch versierte Bürger aktiv waren. Gemeinsam erörterte man dort die Alternativen Deponie, Export, Verbrennung, wobei die Stadt wenig geeignete Flächen für die Verbrennungsanlage besaß. Das Ergebnis war, eine Verbrennungsanlage zu bauen, die mit allerneuestem technischen Standard versehen sein sollte, besser als die Werte, die die Technische Anleitung (TA)Luft vorsah. Dieses Ergebnis trugen alle Beteiligten mit, die Anlage konnte zügig realisiert werden und wurde nicht vor Gericht beklagt.

Bürgerbeteiligung heißt also, dass die letztlich entscheidende Verwaltung diesen Dialog und die Verhandlungen ernst nimmt und bei ihrer Ergebnisfindung berücksichtigt, im Idealfall vollständig umsetzt. Kaum etwas wirkt auf die Bürger verheerender, als wenn sie sich in zahlreichen Sitzungen und Veranstaltungen in ein Projekt persönlich eingebracht haben und in harten Verhandlungen Kompromisse erzielt wurden, die nachher beispielsweise an verfestigten Positionen im Gemeinderat zerbröseln. Dem entspricht die Sorge vieler Menschen in Politik und Verwaltung, dass die Bürger in den Beteiligungsverfahren Forderungen stellen, die für die Kommune oder den Staat unerfüllbar sind. Diese Sorge ist nicht gerechtfertigt, wenn der Beteiligungsprozess gut gemacht wird, das ergebnisoffene Ziel der Beteiligung klar formuliert wird und den Bürgern im Ablehnungsfall von der Verwaltung genau erklärt wird, warum manche ihrer Ideen im Einzelfall nicht umgesetzt werden können. Dann wird die Lösung von den Bürgern in der Regel auch akzeptiert.

Bürgerbeteiligung stärkt das demokratische Gemeinwesen. Natürlich haben wir in der Bundesrepublik eine repräsentative Demokratie, in der gewählte Repräsentanten in Parlamenten entscheiden. Aber die Ergänzung durch die Beteiligung der Bürger im breit angelegten Dialog und mit echten Verhandlungen entwickelt sich etwa in Baden-Württemberg, wo die grün-schwarze Landesregierung dies auch ausdrücklich in ihren Koalitionsvertrag aufgenommen hat, immer weiter fort. Die Demokratie wird ausgeweitet durch Mitsprache und Machtkontrolle jenseits der Parlamente. Die Bürger sollen sogar in die Willensbildung der Verwaltung und der Parlamente einbezogen werden, soweit dies möglich ist. Es geht aber auch primär darum, dass die Bürger untereinander ihre Meinungen austauschen können. Es gibt ja nicht die *eine* Bürgermeinung. Allerdings muss jedem klar sein, dass es kein absolutes Mitbestimmungsrecht gibt. Wer erwartet, dass seine eigenen Interessen immer berücksichtigt werden, hat Demokratie falsch verstanden und wird von Bürgerbeteiligung enttäuscht sein. Ihnen muss verdeutlicht werden, dass es darum geht, ihre eigene Position mit anderen Meinungen abzuwägen. Und dass die Vernunft siegen wird.

Bereits in den 1970er Jahren bildeten sich Bürgerinitiativen, die – etwas anders als die radikalen Protest- und Veränderungsbewegungen der »68 er-Studenten«, die pauschal den »Muff von 1.000 Jahren anprangerten und heftigen Widerstand gegen Großprojekte wie zum Beispiel »Wackersdorf« inszenierten – sich konstruktiv in Stadtplanung und Verkehrsprojekte einbringen wollten. Sie waren und sind projektorientiert und verfolgen konkrete Ziele. Es entstanden und entstehen Bündnisse jenseits von politischen Parteien. Das kann natürlich auch kritisch gesehen werden, weil sich hier oft Leute mit Zeit und rhetorischer Begabung, also Schüler, Studenten, Pensionäre finden, Repräsentativität also nicht automatisch gewährleistet ist. Dieser Umstand zeigt auch, dass Bürgerdialog nicht alles sein kann, weil eine repräsentative Beteiligung auch mit dem Instrument des »Zufallsbürgers«, bei dem die Verwaltung aktiv auf die Menschen zugeht, kaum zu gewährleisten ist. Das muss auch gar nicht sein, denn der Bürger, der mit seinen politischen Repräsentanten und der Verwaltung zufrieden ist, muss ja gar nicht mitmachen.

Trotzdem sollte die Verwaltung die Möglichkeit des Bürgerdialogs aufgreifen. Es ist nachvollziehbar, dass Bürgerinitiativen nicht immer auf ungeteilte Zustimmung bei den Behörden treffen, weil man behördlicherseits Unberechenbarkeit und mangelnde Organisationsfähigkeit der Initiativen vermutet. Die Bürger werden manchmal primär als Störer betrachtet. Inzwischen zeigt sich aber immer deutlicher, dass sich in Bürgerinitiativen viel Sachverstand und Professionalität trifft. Behördenblockaden gegen Bürgerbeteiligung werden deshalb zunehmend aufgegeben, auch wenn die Bürgerbeteiligung gesetzlich nicht vorgeschrieben und ihre Durchführung freiwillig ist. Den Idealfall – ein dialogisch zwischen Verwaltung und Bürgern erarbeiteter Konsens – schätzen viele Behördenmitarbeiter und Politiker zunehmend. Hier wird die Qualität der Entscheidungen verbessert und die Verantwortung nicht allein bei der Verwaltung abgeladen.

Nachfolgend noch einige Beispiele der letzten Jahre, in denen die Verwaltung in Baden-Württemberg (positive) Erfahrungen mit Bürgerbeteiligung und Dialog gemacht hat.

I. Schlichtung »Stuttgart 21«

Das Plan-Verfahren zum Umbau des Stuttgarter Hauptbahnhofs kurz »S 21«, das weit über zehn Jahre in Anspruch nahm, ist ein herausragendes Beispiel dafür, was alles schiefgehen kann, wenn Staat und Projektträger (in diesem Fall primär die Deutsche Bahn, das Land Baden-Württemberg und die Stadt Stuttgart) die offene Diskussion und den Dialog mit dem Bürger nicht (rechtzeitig) führen und sich viel zu früh festlegen. Die Projektverantwortlichen erörterten Alternativen gar nicht, zumindest nicht öffentlich.

Die Bürger spüren sehr sensibel, wenn ihre Meinung und ihr Einfluss nicht gefragt sind. Als das Projekt »S 21« im April 1994 öffentlich präsentiert wurde, waren die Bürger überrascht, denn von der zuvor unter Fachleuten und Politikern geführten Diskussion, die sich primär um die Trassenführung der Neubaustrecke Stuttgart – Ulm rankte, hatte die Öffentlichkeit nicht viel mitbekommen. Ökologische, geologische oder finanzielle Risiken wurden kaum kommuniziert und verunsicherten die Bürger.

Auch in der Zeit nach der Präsentation der Pläne im April 1994 wurde der transparente und ergebnisoffene Bürgerdialog allen Interessierten viel zu lange vorenthalten, auch wenn die rechtlich vorgeschriebenen Verfahrensschritte, wie zum Beispiel Planauslegung und Anhörung, alle durchaus juristisch-formal durchgeführt wurden. Das zeigt, dass die Legitimationswirkung von formalen Verwaltungsverfahren allein nicht ausreicht, um Vertrauen in den Entscheidungsprozess und die Akzeptanz des Ergebnisses zu erreichen. Das Prozedere ist zu langwierig, allenfalls Projektträger und ausgesprochene Projektgegner engagieren sich hier. Wenn ein (großes) Projekt eines privaten oder staatlichen Projektträgers gelingen soll, müssen die Bürger deshalb zu einem möglichst frühen Zeitpunkt vollumfänglich informiert und darauf hingewiesen werden, dass sie sich in den Planungsprozess noch aktiv einbringen können. Ein Dialogprozess sollte ganz zu Beginn der Planung gestartet werden, wenn noch Ergebnisoffenheit zumindest zum »wie« besteht. Alle Alternativen müssen geprüft werden. Gemeinsames Ringen um die beste Lösung schafft oft neue kreative Lösungen.

Der Bürgerdialog ist aber kein Instrument der direkten Demokratie wie in der Schweiz. Die Letztentscheidungshoheit hat der Staat. Das ist meist die Exekutive, also die Regierungs- und Verwaltungsbehörden. In der Regel wird der Staat aber gemeinsam erarbeitete Lösungen auch umsetzen. Ein Bürgerdialog bezieht die Bürger in das Planungsverfahren eines Projektes ein, um sie zu informieren, ihnen die Möglichkeit zu geben, Kritik und Ideen in das Verfahren einzubringen und damit der Akzeptanz des Projekts zu dienen. Die letztendlich zu treffende Verwaltungsentscheidung wird durch einen vorangegangenen Bürgerdialog transparenter. Das Verfahren wird besser und schneller, weil sich im Bürgerdialog die auftauchenden Konflikte früh zeigen. Sie können deshalb bearbeitet und im Idealfall gelöst werden.

S 21 hat gezeigt, dass es nicht reicht, wenn sich die Exekutive auf die formalen Anhörungen, wie sie in den Verfahrensgesetzen meist vorgeschrieben sind, verlässt. Diese kommen zu spät, weil die Planung zu diesem Zeitpunkt schon weit fortgeschritten ist. Dies zeigte sich beispielsweise bei der Erörterungsverhandlung der 1997 in Betrieb genommenen Müllverbrennungsanlage in Ulm-Donautal in den 1990er Jahren, wo in die Verhandlung das technisch neue Verfahren »Thermoselect« eingebracht wurde, aber nicht mehr als Alternative diskutiert werden konnte, weil schon anderslautende technische Entscheidungen gefallen waren. Viel wichtiger ist es möglichst früh in der Planungsphase, lange bevor die gesetzlich vorgeschriebene Bürgerbeteiligung einsetzt, alle Zielgruppen einzubeziehen.

Bei Stuttgart 21 wurden im Raumordnungs- und Planfeststellungsverfahren vom Regierungspräsidium Stuttgart durchaus die Bürger und die »Träger öffentlicher Belange« formal richtig erst gehört, nachdem die Projektunterlagen zuvor öffentlich ausgelegt worden waren. Es gab »Erörterungstermine«, bei denen diejenigen, die als »Betroffene« fristgerecht Einwendungen vorgebracht hatten, zur Diskussion eingeladen wurden. Dieses formaljuristisch vollkommen ausreichende und rechtmäßige Verfahren konnte jedoch den Widerstand und die heftigen Bürgerproteste – spätestens ab Beginn der Umsetzung des Vorhabens – nicht verhindern.

Es fehlte an einem offenen *vorgelagerten* Dialogverfahren für alle Bürger. Bevor die gesetzlichen Planungs- und Beteiligungsverfahren einsetzten, hätten sich die Bürger gewünscht, kreativ am »ob und wie« des Bahnhofumbaus mitarbeiten zu können. Dabei wäre das hohe Konfliktpotential wohl viel früher zutage getreten. Es hätte dann unmittelbar – im Zweifel unter Leitung einer neutralen Stelle (Schlichter, Mediator) – aufgearbeitet werden können. Bei derart großen Projekten mit vielen Beteiligten und großem Bürgerinteresse müssen die Bürger sich allerdings von akzeptierten »Abgesandten« vertreten lassen, denn für eine gute Problembearbeitung sollte die Arbeitsgruppe nicht größer als 30 bis 35 Personen sein. Sonst kommen nicht alle ausreichend zu Wort und es wird schwierig, sachbezogen zu diskutieren. So hat die Autorin bei einer Mediation mit 17 Beteiligten allein zwei volle Tage mit zwei vollgeschriebenen Flip-Chart-Blöcken gebraucht, um allein die Sichtweisen aller 17 zu erheben und zu notieren. In weiteren sechs Tagen ist es aber gelungen, den Konflikt vollständig zu klären und eine von allen unterzeichnete Lösungsvereinbarung und Presseerklärung zu formulieren.

Kurz zur Geschichte und zum Hintergrund des Verfahrens: Das Projekt Stuttgart 21 umfasste die Neubaustrecke Wendlingen – Ulm, die Neugestaltung des Bahnknotens Stuttgart mit zahlreichen Tunneln und den Umbau des Stuttgarter Hauptbahnhofes von einem Kopfbahnhof mit 16 Gleisen in einen unterirdischen Tiefbahnhof mit acht Gleisen. Die Idee der Bahn und der Politik war es, die oberirdisch freiwerdenden Gleisflächen für die innerstädtische Entwicklung Stuttgarts und für die Erweiterung des Parks und neuen Wohnbau zu nutzen. Projektträger waren die Bahn, der Bund, das Land sowie die Stadt und die Region Stuttgart.

Nachdem das Projekt im Frühjahr 1994 erstmals öffentlich vorgestellt wurde und Anfang 1995 eine »Machbarkeitsstudie« in einer Ausstellung im Stuttgarter Rathaus präsentiert worden war, erklärte das Regierungspräsidium Stuttgart im September 1997 das Raumordnungsverfahren für beendet und erklärte das Projekt für vereinbar mit den Zielen der Raumordnung. Zum Jahresbeginn 2005 schließlich erließ das Regierungspräsidium Stuttgart den ersten Planfeststellungsbeschluss zur Umsetzung des Projekts. Weitere Planfeststellungsbeschlüsse folgten.

Schon 1995 hatte die Stadt Stuttgart eine Umfrage initiiert, nach der das Projekt überwiegend positiv beurteilt, es aber auch von einem Drittel der Befragten abgelehnt wurde. Ein seinerzeit gegründetes Bündnis aus regionalen Umwelt- und Verkehrsverbünden namens »Umkehr Stuttgart« zweifelte schon in dieser Zeit die Leistungsfähigkeit eines 8-gleisigen Bahnhofs an und wies auf Umweltprobleme hin. Schon damals wurde bemängelt, dass allein ein »Beraterkreis Stuttgart 21«, dem verschiedene Verbände angehörten, nichtöffentlich verhandelte.

Eine weitere Initiative »Leben in Stuttgart – kein Stuttgart 21« sammelte Unterschriften gegen das Projekt und übergab der Stadt 1996 einen Bürgerantrag. Diesen wies der Gemeinderat zurück, mit dem Argument, das Projekt sei »keine rein kommunale Angelegenheit«.

1997 erklärte der neu gewählte Oberbürgermeister Schuster in Stuttgart, er wolle die Bürger stärker an der Planung beteiligen, meinte damit aber offensichtlich nur das städtebauliche Konzept auf der freiwerdenden Gleisfläche, nicht jedoch die Sanierung oder den Umbau des Bahnhofes.

Der nach der Erörterung im Frühjahr 2003 mit zahlreichen Einwendungen gegen die Tieferlegung des Bahnhofes erlassene Planfeststellungsbeschluss 2005 wurde unter anderem vom BUND beklagt. Die Klagen wurden vom Verwaltungsgerichtshof Mannheim abgewiesen, so dass der (erste) Planfeststellungsbeschluss im Juni 2006 rechtskräftig wurde. Die Finanzierungsfragen wurden erst 2007 soweit geklärt, dass die Projektpartner über die grundsätzliche Kostenverteilung einig waren.

Die Projektgegner hatten zwischenzeitlich über 60.000 Unterschriften gesammelt und beantragten einen Bürgerentscheid. Diesen lehnte die Stadt ab, obwohl Oberbürgermeister Schuster im Wahlkampf Boris Palmer, einem Gegner des Vorhabens, versprochen hatte, bei deutlicher Kostensteigerung des Projekts einen solchen Bürgerentscheid herbeizuführen.

Der Gemeinderat der Stadt Stuttgart war allerdings mehrheitlich der Meinung, der Bürgerentscheid käme zu spät, weil der Planfeststellungsbeschluss bereits rechtskräftig und das Projekt demokratisch legitimiert sei. Die gegen diese Ablehnung gerichtete Klage wurde im Sommer 2009 vom Verwaltungsgericht Stuttgart abgewiesen.

Im Herbst 2009 richteten die Projektpartner ein »Kommunikationsbüro« ein. Projektsprecher wurde der SPD-Landtagsabgeordnete Drexler. Er sollte die Kommunikation mit den Bürgern verbessern. Die Kostenschätzung hatte sich zwischenzeitlich auf über 4 Milliarden Euro gesteigert. Gleichwohl wurde im Februar 2010 mit den Bauarbeiten begonnen. Diese dauern auch zum Jahresbeginn 2025 noch an. Parallel hatten seit November 2009 die Projektgegner mit wöchentlichen, sogenannten »Montagsdemonstrationen«, gegen das Projekt begonnen. Auch diese dauern 2025 immer noch an, wenn auch nicht mehr mit zum Teil bis zu mehreren Zehntausend Teilnehmern, wie im Sommer und Herbst 2010. Damals wurde der Nordflügel unter riesigem Protest und hinter einer Polizeiabsperrung abgerissen. Das Baufeld zum Bau des Grundwassermanagements erforderte die Fällung von Bäumen im Schlosspark. Diese konnte am 30.9.2010 von der Polizei nur mit Pfefferspray und Wasserwerfern gegen zahlreich protestierende und das Baufeld besetzende Menschen durchgesetzt werden. Dabei gab es viele Verletzte bei Demonstranten und auch bei den Polizisten. Der Tag ging als sogenannter »Schwarzer Donnerstag« in die Stadtgeschichte Stuttgarts ein.

In dieser aufgeheizten Stimmung forderten die Gegner einen Baustopp, den die Bahn ablehnte. Die SPD, bisher stramm hinter dem Projekt, forderte ein Moratorium und einen landesweiten Volksentscheid. Der Volksentscheid wurde im Landtag abgelehnt. Dafür wurde die Einsetzung eines parlamentarischen Untersuchungsausschusses zum Polizeieinsatz am 30.9.2010 beschlossen. Und Ministerpräsident Mappus schlug zur Befriedung der Lage einen neutralen Schlichter, den CDU-Politiker Heiner Geißler, vor.

Ab Oktober 2010 führte Geißler insgesamt neun im Fernsehen übertragene Schlichtungstermine durch, an denen im Stuttgarter Rathaus Befürworter (u. a. Oberbürgermeister Schuster, Stuttgart) und Gegner (u. a. Oberbürgermeister Palmer, Tübingen) jeweils mit von ihnen benannten Experten teilnahmen. Das Alternativkonzept Kopfbahnhof, Städtebau, Leistungsfähigkeit des Tiefbahnhofes, Umweltauswirkungen, mögliche Ausstiegskosten waren die Themen. Die Schlichtung endete am 30. November mit dem (rechtlich nicht verbindlichen) Schlichterspruch Geißlers, der die Fortsetzung des Projekts mit Modifikationen (»S 21 plus«) und einem Stresstest zur Leistungsfähigkeit des unterirdischen Bahnhofs vorschlug. Im Sommer 2011 folgte die Vorstellung des Ergebnisses des Stresstests, den ein Schweizer Ingenieurbüro durchgeführt hatte. Der Stresstest kam zum Ergebnis, dass der unterirdische Bahnhof ausreichend leistungsfähig sei. Trotzdem schlug Schlichter Geißler gemeinsam mit dem Ingenieurbüro eine Kombilösung mit unterirdischem Fernbahnhof und oberirdischem Kopfbahnhof für den Regionalverkehr vor. Die Bahn lehnte dies umgehend ab, das sei schon im Planfeststellungsverfahren geprüft und verworfen worden. Gleichwohl fand die Schlichtung, die nach Worten Geißlers vier oder fünf Jahre zu spät gekommen sei, dank der dadurch geschaffenen Transparenz allgemeine Anerkennung.

Zwischenzeitlich war eine neue grün-rote Regierung an die Macht gekommen, die eine im Koalitionsvertrag vereinbarte Volksabstimmung über den Ausstieg aus dem Projekt durchsetzte. Am 27.11.2011 wurde über ein »S 21 Kündigungsgesetz« abgestimmt. Die Abstimmung wurde auf Art. 60 Absatz 3 der Baden-Württembergischen Landesverfassung gestützt, wonach eine vom Landtag abgelehnte Gesetzesvorlage der Regierung – eben des Kündigungsgesetzes – auf Antrag eines Drittels der Abgeordneten einer Volksabstimmung unterworfen werden kann. Trotz der juristischen Zweifel, weil eine Haushaltsfrage nicht der Volksabstimmung unterliegt, stimmten die Regierungsfraktionen für die Volksabstimmung. Im Ergebnis sprachen sich 58,8 Prozent der abstimmenden Baden-Württemberger gegen die Kündigung und damit also für einen Weiterbau des Bahnhofumbaus mit Landesmitteln aus. Der politische Streit war damit entschieden, Ministerpräsident Kretschmann akzeptierte das klare Votum, aber die Demonstranten gegen das Projekt gingen weiter auf die Straße.

Nach alledem ist das Projekt Stuttgart 21 letztendlich demokratisch legitimiert. Der Faktencheck durch die Schlichtung Heiner Geißlers hat sicher zum Abstimmungsergebnis positiv beigetragen. Trotz weiterer erheblicher Kostensteigerungen konnte ohne allzu große emotionale

Aufwallungen der Bürger bis ins Jahr 2025 hinein weitergebaut werden. Aber die Versäumnisse zu Planungsbeginn konnten nicht wirklich geheilt werden. Das »Mitnehmen« der Bürger war verpasst worden und die Kommunikation mit den Menschen, insbesondere über die Kosten, blieb auch nach der Volksabstimmung unzulänglich.

Die (gesetzlich vorgeschriebene) Bürgerbeteiligung in Raumordnungs- und Planfeststellungsverfahren setzte bei S 21 erst ein, als alle wesentlichen Entscheidungen bereits politisch getroffen waren. Also definitiv zu spät. Eine kritische Diskussion über »ob und wie«, über Alternativen und Kompromisse war zu diesem Zeitpunkt nicht mehr möglich. Dies liegt daran, dass die Beteiligung im formalen Verfahren reaktiv angelegt ist.

Die Lehre aus S 21 lautet demnach, dass ein aktiv von Projektträger und Regierung bzw. Verwaltung initiierter früher Bürgerdialog gleich zu Planungsbeginn zwingend ist, wenn ein Großprojekt von der Bevölkerung akzeptiert werden soll.

Die Schlichtung bei Stuttgart 21 hatte bei der Deutschen Bahn und bei den anderen Projektpartnern eine Anstoßwirkung. Die Bahn verkündete nach der Schlichtung, Planungen künftig mit mehr Bürgermitwirkung angehen zu wollen und sehr viel besser mit der Öffentlichkeit zu kommunizieren.

Für die noch nicht abgeschlossene Planung der Bahnführung auf den Fildern sollte deshalb ein Planfeststellungsabschnitt von S 21 im Bürgerdialog vorgestellt, diskutiert und bewertet werden. Es gab im Prinzip nur zwei Prämissen der Bahn: Die Kosten sollten nicht erhöht und der Terminplan nicht überschritten werden. Außerdem war von vornherein Bedingung, dass in diesem Dialog nicht das Gesamtprojekt S 21 in Frage gestellt werden dürfe. So beschlossen die Projektpartner Bahn, Land, Stadt und Region Stuttgart im Februar 2012 den sogenannten »Filder-Dialog« zu initiieren.

Teilnehmer an diesem Dialog waren Kommunalpolitiker, Vertreter von Bürgerinitiativen, Experten für Planungsrecht, Technik und Umweltschutz sowie fast 80 per Zufallsauswahl bestimmte Bürger aus den von der Planung berührten Kommunen. Der Filder-Dialog wurde von einem externen Experten, Ludwig Weitz aus Bonn moderiert. Durchgeführt wurde der Filder-Dialog im Sommer 2012 mit drei eintägigen Dialogterminen.

Als Ergebnis erbrachte der Filder-Dialog eine Empfehlung durch den Moderator und eine Stellungnahme der S 21 Projektpartner. Dabei verwarfen die Projektpartner die von der Mehrheit des Dialogs befürwortete sogenannte »Gäubahn-Variante«. Sie erklärten sich aber immerhin bereit, andere Vorschläge aus dem Dialog aufzugreifen.

Die Landesregierung bezeichnete das Verfahren als modellhaft auch für andere Projekte. Und dies obwohl die Rahmenbedingungen nicht optimal waren, denn die Planungen waren zum Zeitpunkt des Dialogs schon zu weit fortgeschritten. Und immerhin wurde der Bürgerdialog als solcher positiv gesehen, obwohl die Empfehlung der Mehrheit der Teilnehmer von den Projektträgern nicht umgesetzt wurde. Das heißt, ein Beteiligungsdialog ist nicht nur dann gut, wenn die Bürger ihren Willen bekommen.

II. Bürger- und Verbändebeteiligung »Biosphärengebiet Schwäbische Alb«

Im Jahr 1895 wurde auf der Schwäbischen Alb bei Münsingen ein Truppenübungsplatz eingerichtet, für den mehrere Gemeinden Flächen abtreten mussten. Schon vor dem Ersten Weltkrieg kamen jährlich bis zu 40.000 Soldaten zur Ausbildung hierher. 1937 wurde der Platz von 3.000 ha auf 6.700 ha vergrößert. Das komplette Dorf Gruorn musste hierzu von den Einwohnern geräumt werden. Nach dem Krieg wurde der Platz vom französischen Militär genutzt und nach deren Abschied dann ab 1992 von der Bundeswehr. Immer noch kamen jährlich bis zu 20.000 Soldaten auf den Platz um zu üben. Im Jahre 2005 gab die Bundeswehr den Platz überraschend auf. Durch die militärische Nutzung war der Platz über hundert Jahre lang von Siedlungen, Straßenbau und intensiver landwirtschaftlicher Nutzung weitgehend verschont geblieben. Lediglich Schafe beweideten in der ganzen Zeit den Platz, so dass eine parkähnliche Landschaft vorherrschte, wie sie im 19. Jahrhundert auf der Schwäbischen Alb überall zu finden war. Der kulturhistorische und naturräumliche Wert dieses einmaligen Gebiets in Baden-Württemberg sollte nach dem Willen der Landesregierung und der angrenzenden Landkreise Reutlingen, Esslingen und Alb-Donau-Kreis, sowie des Regierungspräsidiums Tübingen unbedingt erhalten bleiben.

Nachdem das neue Landesnaturschutzgesetz Baden-Württemberg 2006 die rechtlichen Grundlagen für Biosphärengebiete auf Landesebene geschaffen hatte, beschloss man, hierzu nicht nur den Platz als solchen zu schützen, sondern eine weiträumige Region um den Truppenübungsplatz als »Biosphärengebiet« zu beplanen. Unter Federführung des Regierungspräsidiums Tübingen wurde so das erste Biosphärengebiet Baden-Württembergs im März 2008 offiziell ausgewiesen und im Mai 2009 von der UNESCO auch als Biosphärenreservat anerkannt. Seitdem setzte eine Erfolgsgeschichte der Entwicklung des Gebiets ein. Eine Geschichte die von den Bürgern und den vielen Akteuren im Gebiet geschrieben wurde. Die Entwicklung des Gebiets lief so gut, dass 2024 ein Erweiterungsprozess für das Gebiet in Gang gesetzt wurde. 22 Städte und Gemeinden wollen weitere Flächen in das Gebiet einbringen, so dass es flächenmäßig um 40 Prozent auf insgesamt 120.000 Hektar wachsen könnte.

Der Schlüssel zum Erfolg dieses Projekts war die freiwillige Teilnahme der Gemeinden an dem Gebiet, das Naturschutz, Tourismus und Wirtschaft verknüpft. Seit der Ausweisung des Gebiets gab es über 600 erfolgreiche Modellprojekte von der Initiierung von naturschutzorientierten Regionalmarken wie »Albgemacht« bis zu Besucherlenkungsmaßnahmen. Das Biosphärengebiet ist Inbegriff für einen partizipativen Weg von Naturschützern und Landnutzern. Ein solches Großprojekt

II. Bürger- und Verbändebeteiligung »Biosphärengebiet Schwäbische Alb«

erstmals in Baden-Württemberg zu installieren gelang nur, weil die ernsthafte, intensive, offene und kommunikative Beteiligung aller interessierten und betroffenen Bürger und Verbände und die Freiwilligkeit der Teilnahme von Anfang an die Agenda des Ausweisungsprozesses bestimmten.

Dabei verlief der Beginn des Ausweisungsprozesses durchaus holprig. Fachliche Probleme tauchten auf, weil die Akteure unkoordiniert naturschutzfachliche Themen wie etwa einen Nationalpark in den Vordergrund rückten oder touristische Themen unterschiedlich bewerteten. Kompetenzkonflikte zwischen dem Bund, dem Land und den Kommunen bestimmten die anfängliche Diskussion. Juristische Fragen wie die Haftung für mögliche Schäden durch den stark munitionsverseuchten Truppenübungsplatz produzierten Bedenken und auch andere Ideen für die Nachnutzung des Truppenübungsplatzes wie etwa Freizeitpark, Mülldeponie oder Straßenbau wurden plötzlich laut.

Den Durchbruch brachten schließlich mehrere Personalwechsel in den Jahren 2005/2006 im Land. Es gab einen neuen Ministerpräsidenten, einen neuen Landwirtschaftsminister, einen neuen Landrat in Reutlingen und einen neuen Präsidenten und einen neuen Abteilungsleiter für Umwelt im Regierungspräsidium Tübingen. Die Neuen pflegten nach Auffassung der Beteiligten eine wertschätzende Kommunikation untereinander und mit allen Akteuren im potenziellen Biosphärengebiet. Ministerpräsident Oettinger gab bereits in seiner ersten Regierungserklärung 2005 ein klares Ziel vor: »*Wir wollen rund um den ehemaligen Truppenübungsplatz ein Biosphärenreservat entwickeln, das der Wirtschaft, dem Naturschutz und dem Tourismus Chancen eröffnet*«. Das war der Auftakt zu einem im Dialog mit den Bürgern und Interessenverbänden geprägten Projekt mit klarer Zielsetzung. Die Behörden hatten erkannt, was erfolgversprechend war. Es begann eine fruchtbare Arbeit mit offenem Kommunikationsstil auf Augenhöhe, politischem Rückenwind, klarer arbeitsteiliger Kompetenzstrukturierung, Ergebnisoffenheit und Freiwilligkeit. Eine professionelle Beteiligungs- und Öffentlichkeitsarbeit mit Infoblättern, Öffentlichen Veranstaltungen vor Ort, Führungen, Pressekonferenzen, Pressefahrten wurde installiert. Über 50 involvierte Organisationen arbeiteten an dem Projekt, 30 Gemeinden, drei Landkreise, zwei Regierungspräsidien, ein gemeindefreier Gutsbezirk, ein großer privater Wald- und Schlossbesitzer, der Kreisbauernverband, der Landfrauenverein, der Jagverband, der schwäbische Albverein, die Naturschutzverbände, Industrie- und Handelskammer, Handwerkskammer, Vertreter einzelner Industriebetriebe, Bundes-, Landes- und kommunale Behörden, private Stiftungen, Behindertenvertretungen um nur einen Teil zu nennen und einen Eindruck von der Vielfalt zu geben. Neben unzähligen Verhandlungen mit den Bürgermeistern der interessierten Gemeinden und den Vertretern der Verbände führte allein das Regierungspräsidium Tübingen als federführende Behörde innerhalb eines Jahre rund 200 verschiedene öffentlichkeitswirksame Veranstaltungen durch, wie Bürgerversammlungen, Verbandversammlungen, Gemeinderatssitzungen, Presse- und Informationsfahrten oder Präsentationen auf Märkten und Messen. Außerdem wurden regelmäßig Infobriefe herausgegeben und verteilt.

III. Einwohnerinformation und -dialog zur Flüchtlingserstunterbringung 2014/2015

In den Jahren 2014 und 2015 reisten weit über eine Million Flüchtlinge in Deutschland ein. Das Bundesamt für Migration und Flüchtlinge registrierte allein 2015 fast 900.000 schutzsuchende Asylbewerber. Bei der Unterbringung dieser Migranten, die in Baden-Württemberg federführend vom Integrationsministerium organisiert wurde, waren Willkommenskultur auf der einen Seite und Fremdenfeindlichkeit auf der anderen Seite die Pole, mit denen sich die Behördenmitarbeiter bei der Erstunterbringung der Flüchtlinge auseinandersetzen mussten.

III. Einwohnerinformation und -dialog zur Flüchtlingserstunterbringung 2014/2015

Es zeigte sich, dass gerade bei der Flüchtlingserstunterbringung die Entscheidungen der Behörden nie von der gesamten Bevölkerung akzeptiert wurden. Oft kam es zu teilweise massiven Protesten. Rein rechtlich gab es kein Mitsprache- und Entscheidungsrecht der Bürger oder der betroffenen Kommune. Verwendet wurden vom zuständigen Land für die Erstunterbringung nämlich meist Bundes- oder Landesliegenschaften, angemietete Gebäude und Zelte. In Baden-Württemberg gab es jahrelang nur eine zentrale Flüchtlingserstaufnahmestelle in Karlsruhe mit einer Kapazität von 1.000 bis knapp 2.000 Plätzen. Innerhalb eines Jahres musste 2014/2015 die Kapazität auf gut 40.000 Plätze erhöht werden. Hierzu wurden ehemalige Bundeswehrkasernen, ehemalige Liegenschaften der Alliierten, Industrie-, Sport- und Messehallen, sonstige leerstehende geeignete Gebäude, wie ehemalige Krankenhäuser, Ausbildungseinrichtungen etc., aber auch Großzelte genutzt.

Für die Landesregierung, insbesondere das Integrationsministerium war trotz der juristischen Alleinentscheidungsmacht klar, dass die Erstaufnahme von Flüchtlingen im weitgehenden Konsens mit den Menschen vor Ort geschehen sollte. Es sollte einen Dialog mit den Bürgern geben. Dabei sollte mehr geschehen als nur eine reine Information über fertige Pläne des Ministeriums und der mitwirkenden Behörden. Auch wenn die Zeit enorm drängte, sollten die Menschen vor Ort bestmöglich einbezogen werden. Täglich kamen ganze Busladungen mit Flüchtlingen in Baden-Württemberg an. Alle diese Menschen brauchten sofort ein Dach über dem Kopf.

Das Ministerium suchte deshalb eine Mischform von Bürgerinformation und Bürgerdialog. Auf jeden Fall wollte man keine reine Frontalveranstaltung mit Alibifunktion, sondern nach Möglichkeit Akzeptanz vor Ort. Hierzu war – wenn irgend möglich – trotz des Zeitdrucks ein transparentes und ergebnisoffenes Vorgehen notwendig. Der Erstkontakt wurde in aller Regel vom Ministerium zum Regierungspräsidium, Landratsamt und der ins Auge gefassten Gemeinde gesucht. Bereits bei diesen ersten Verhandlungen war erfolgsentscheidend, dass das Land nicht mit Maximalforderungen antrat, sondern verhandlungsbereit war. Fragen zum Beispiel nach der Zahl der Flüchtlinge, die untergebracht werden sollten, der Zeitdauer der Nutzung der Einrichtung auf dem Gemeindegebiet, Sicherheit der Einrichtung, Betreuung der Flüchtlinge und mögliches ehrenamtliches Engagement konnten offen diskutiert werden. Extrem wichtig war die Unterrichtung und Mitnahme der Einwohner vor Ort, um nicht unvermittelt vollendete Tatsachen zu schaffen und die Bürger so vor den Kopf zu stoßen.

In aller Regel wurden deshalb – bevor Gerüchte entstehen konnten – Bürgerversammlungen, Pressekonferenzen und öffentliche Gemeinderatssitzungen anberaumt. Diese Veranstaltungen waren darauf ausgerichtet, eine Diskussion zu ermöglichen und über alle relevanten Punkte der Flüchtlingsunterbringung zu sprechen und Bedenken und Anregungen zu hören. Das Ministerium versuchte deshalb alle Akteure, wie Betreiber der Einrichtung, Sicherheitsdienst, Polizei, politisch Verantwortliche usw. in diesen Veranstaltungen mit den Bürgern zusammenzubringen.

Natürlich gab es Befürworter und Gegner, die teilweise sehr lautstark, etwa in großen Bürgerversammlungen zu Wort kamen, aber im Ergebnis waren die Menschen vor Ort durchaus dankbar für die offene Information und Diskussion. Häufig gab es wertvolle Anregungen. Nirgends oktroyierte der Staat Flüchtlingsaufnahmen mit seiner juristischen Macht und Autorität. Oft gab es beispielsweise einstimmige Gemeinderatsbeschlüsse für die Einrichtung. Manches Mal gaben Dutzende von Bürgern zum Abschluss einer Bürgerversammlung Namen und Adresse auf einer ausliegenden Liste an, um ehrenamtlich zu helfen.

Bei anhaltendem Widerstand von Bürgern und Gemeinde, insbesondere, wenn die Ablehnungsgründe nicht völlig von der Hand zu weisen waren, wurde staatlicherseits auch auf das Vorhaben verzichtet. So wurde etwa nach einer hochemotionalen Bürgerversammlung in einer baden-württembergischen Stadt auf die dortige gut geeignete Unterbringung in einer ehemaligen Internatsschule verzichtet, weil diese unmittelbar neben einer Schule der Stadt lag und die Bedenken der Eltern übergroß waren.

Das Land legte immer auch Wert darauf, eine gewisse win-win-Situation im Auge zu behalten. So wurden zum Beispiel die Landkreise, die eine Flüchtlingserstaufnahme in ihrem Gebiet akzeptierten von der sogenannten Anschlussunterbringung von Flüchtlingen während des Betriebs der Erstaufnahmeeinrichtung weitgehend befreit.

Eine der ersten neuen Einrichtungen zur Flüchtlingserstunterbringung in Baden-Württemberg entstand in Meßstetten auf der Schwäbischen Alb in der dortigen ehemaligen Bundeswehrkaserne. Der seinerzeitige Präsident des Bundesamtes für Migration und Flüchtlinge erklärte die Einrichtung und das konsensuale Verfahren, mit dem die Einwohner Meßstettens einbezogen waren, für »vorbildlich«.

In Meßstetten starteten die betroffenen Behörden, Gemeinde, Landratsamt, Regierungspräsidium, Integrationsministerium und BImA (Bundesanstalt für Immobilienaufgaben) sofort nach der ersten Besichtigung der Liegenschaften und den verwaltungsinternen Kontaktaufnahmen mit einer Bürgerversammlung, zu der großräumig öffentlich eingeladen wurde. Die Stadthalle von Meßstetten war trotz Sommerferien randvoll. Unter externer Moderation eines erfahrenen Polizeipfarrers wurde das Projekt der Bevölkerung vorgestellt. Die Ministerin, die stellvertretende Regierungspräsidentin, der Landrat und der Bürgermeister, sowie weitere Verwaltungsexperten und Polizeichefs waren alle persönlich anwesend und stellten sich der Diskussion. An einem langen diskussionsreichen Abend konnten alle Bürgerfragen beantwortet und viele Bedenken und Anregungen der Bürger erörtert werden. Nachdem rechte Gruppierungen aus der Region zum »Besuch« der Veranstaltung im Internet aufgerufen hatten, war die Polizeipräsenz erhöht worden. Die (auswärtigen) Besucher dieser Szene kamen aber kaum zu Wort. Sobald sie sich meldeten und klar war, welche Intention der Wortbeitrag hatte, wurden sie von den Einheimischen ausgebuht.

Land und Bund waren etwa zu Investitionen bereit. Beispielsweise konnte der Bau eines Schutzzaun für einen großen benachbarten Betrieb mit Milchviehhaltung zugesagt werden. Ein Begegnungszentrum für Flüchtlinge und einheimische Bevölkerung wurde konzipiert und ein Wegekonzept, die Einrichtung eines Polizeipostens und manches andere erörtert und von den Behörden auch umgesetzt. Diese Umsetzung erfolgte häufig unter Beteiligung von zahlreichen Ehrenamtlichen aus der Stadt Meßstetten und Umgebung. Auch die bestmögliche Ausgestaltung der Kaserne mit z. B. eigenen Gesundheits- und Sporteinrichtungen sowie der Kinderbetreuung erfolgte aufgrund von Anregungen aus der Bürgerversammlung. Das Land erklärte sich bereit, mit der Gemeinde einen öffentlich-rechtlichen Vertrag zu schließen, in dem die Rahmenbedingungen fixiert wurden, unter anderem auch eine Befristung der Einrichtung (mit Verlängerungsmöglichkeit) auf drei Jahre und die beabsichtigte Höchstzahl der Belegung.

IV. Mediation der Planung der Kreisstraße 7743 im Bodenseekreis

Mediation als Verfahren zur Konfliktbewältigung findet nach langer Einführungszeit in Deutschland heutzutage in vielen Rechtsgebieten statt. In den letzten Jahren hat die Mediation auch große Fortschritte im öffentlichen Bereich gemacht, auch wenn deren Potenzial noch lange nicht ausgeschöpft ist. Mediation im öffentlichen Bereich ist immer noch nicht allgemein bekannt. Bei tiefgreifenden Konflikten, insbesondere bei großen öffentlichen Infrastrukturvorhaben liegt Mediation aber zunehmend im Trend. Sie ist ein gutes Instrument um bei Konflikten zu vermitteln. Sie ist ein Verfahren, bei dem der neutrale Mediator den Konfliktparteien bei einer sachorientierten Kommunikation und gemeinsamen Erarbeitung einer Lösung hilft.

Nach allgemeiner Meinung kann die Verwaltungsbehörde eine Mediation anregen und deren Ergebnisse – wenn nichts dagegen spricht – mit ihrer Letztentscheidung umsetzen. Mediationen funktionieren nicht nur bei Großvorhaben wie bei der berühmten Mediation »Startbahn Frankfurter Flughafen«, sondern auch bei kleineren Projekten.

Mediation ist ein freiwilliges klar strukturiertes Verfahren, bei dem alle Betroffenen nach einer gemeinsamen Lösung suchen. Die Mediation wird durch einen Mediator geleitet, der neutral und nicht Vertreter der Behörde ist. Typische Fälle, bei denen eine Mediation zum Einsatz kommen kann, sind Großprojekte mit Lärm- und anderen Emissionen sowie Naturschutzproblemen, etwa Straßen, Flughäfen, Eisenbahnlinien, (Abfall-)Verbrennungsanlagen oder Anlagen der Massentierhaltung. Statt des Konflikts wird in der Mediation der Ausgleich und die Kooperation gesucht. Ziel der Mediation ist eine Empfehlung an die Genehmigungsbehörde, die auch im abschließenden Verwaltungsverfahren Bestand hat.

2014 beschloss der Kreistag des Bodenseekreises die Frage des Baus einer neuen Kreisstraße (K 7743 neu) mit der Ortsumfahrung des Friedrichshafener Ortsteils Kluftern, der Mediation zu unterstellen. An der von den Planern bevorzugten Trasse hatte es heftige öffentliche Kritik gegeben. Die Bürger sollten mit Hilfe eines Mediators Varianten und Alternativen erarbeiten. Hierzu sollte die Verkehrsmediation mit den betroffenen Bürgern die beste Trasse herausfinden. Beteiligt waren Vertreter von Kommunen, des Kreises, von Verbänden und Bürgerinitiativen, Planungsbüros und Fachgutachter. Zwei Jahre dauerte das Verfahren unter Leitung eines beauftragten Mediationsbüros. Aus 22 gefundenen Varianten wurden schließlich sechs verschiedene Trassen erarbeitet. Nach zahlreichen Sitzungen präsentierten die Mediatoren das überraschende Ergebnis bei einem Info-Abend in Kluftern. Alle sechs Varianten wurden in dem Schlussdokument der Mediation als extrem kritisch eingestuft. Für jede Trasse wurde von den Bürgern und hinzugezogenen Sachverständigen ein Steckbrief erstellt, der positive und negative Auswirkungen auf Mensch, Umwelt und Landschaft enthielt. Für alle Varianten überwogen die Nachteile. So wurde schließlich empfohlen, dass die Ortsdurchfahrt bleibt und keine Umfahrung gebaut werden soll. Die Beeinträchtigungen durch eine neue Straße könnten die Entlastungswirkung für die Anwohner der Ortsdurchfahrt der alten Straße nicht ausreichend kompensieren. Dieses Schlussdokument wurde von den Beteiligten der Mediation einhellig verabschiedet, mit der Empfehlung an den Kreistag auf die Ortsumfahrung ganz zu verzichten. Der Kreistag folgte – nach weiteren Diskussionen – schließlich der Empfehlung und beschloss im Herbst 2017, dass es keine Ortsumfahrung für Kluftern durch die »Kreisstraße 7743 neu« geben soll.

V. Bürgerpartizipation bei der Ausweisung des »Nationalparks Schwarzwald«

Die Frage der Einrichtung eines Nationalparks im Schwarzwald war Gegenstand intensiver Diskussionen in Baden-Württemberg, vor allem natürlich vor Ort. Per Gesetz wurde der Nationalpark zum Jahresbeginn 2014 Realität. Im Herbst 2013 hatte der Landtag von Baden-Württemberg die Errichtung des ersten Nationalparks im Lande mehrheitlich beschlossen. Die Einrichtung des zweigeteilten Nationalparks im Schwarzwald war hoch umstritten. Die Opposition aus CDU und FDP, die Vertreter der holzverarbeitenden Betriebe und Teile der betroffenen Einwohner lehnten das Schutzgebiet vehement ab, SPD, Grüne und die Naturschutzverbände waren dafür. Das hatte sich in verschiedenen Infoveranstaltungen vor Ort deutlich gezeigt. Die grün-rote Landesregierung hatte bereits 2011 in ihrem Koalitionsvertrag die Einrichtung eines Nationalparks vorgesehen,»soweit er von der Bevölkerung mitgetragen« werde.

Zunächst erfolgte eine EU-weite Ausschreibung für ein Gutachten. Dieses wurde schließlich von mehreren Unternehmen unter Federfüh-

V. Bürgerpartizipation bei der Ausweisung des »Nationalparks Schwarzwald«

rung eines internationalen Wirtschaftsberaters erstellt und im Frühjahr 2013 öffentlich vorgestellt. Das Gutachten ging davon aus, dass ein Nationalpark im Schwarzwald neue Arbeitsplätze im Tourismus und zusätzliche Tages- und Übernachtungsgäste generieren würde. Alsbald wurde vom für Forstwirtschaft zuständigen Minister ein Gesetzentwurf erarbeitet, der im sogenannten »Beteiligungsportal« der Landesregierung im Internet eingesehen und digital kommentiert und bewertet werden konnte.

Schon 2011 hatte sich eine private Interessengemeinschaft »Unser Nordschwarzwald« gegründet, die ähnliche Aufkleber fertigten und Schilder aufstellten, wie die Gegner von Stuttgart 21: das auf grünem Grund rot durchgestrichene Wort »Nationalpark«. Ein weiterer 2011 gegründeter Verein gegensätzlicher Orientierung nannte sich dagegen »Freundeskreis Nationalpark Schwarzwald«.

Im Frühjahr 2013 fanden in sieben Gemeinden Bürgerbefragungen (ohne rechtliche Bindungswirkung) statt, bei denen sich 75 Prozent der Abstimmenden gegen den Nationalpark aussprachen. Im offiziellen Anhörungsverfahren zum Nationalpark-Gesetz stimmte jedoch eine Mehrheit der Gemeinden und der Stadt- und Landkreise der Errichtung des Nationalparks zu.

Die Gegner des Projekts scheinen sich beruhigt zu haben. Der Nationalpark wurde in den letzten Jahren insbesondere von Touristen gut besucht. Verschiedene Projekte, wie beispielsweise ein Wegekonzept, wurden im Bürgerdialog erarbeitet.

Der auf diese Weise durch Gesetz zustande gekommene zweigeteilte Nationalpark soll laut einer Pressemitteilung der Landesregierung vom Oktober 2024 zusammenhängend erweitert werden. Dies soll vor allem durch einen Flächentausch von Privatwald mit Staatswald geschehen. Der Park soll von jetzt ca. 10.000 ha auf ca. 11.500 ha wachsen.

Die Erweiterung des Nationalparks soll laut Landesregierung in »einem breit angelegten Beteiligungsprozess« erfolgen. Sie ist im aktuellen Koalitionsvertrag von Grünen und CDU vorgesehen.

Die CDU hat sich allerdings auf einem Parteitag 2024 gegen die Erweiterung positioniert. Die Deutsche Presse-Agentur (dpa) berichtete am 4.11.2024, dass die Erweiterung des Nationalparks auch auf Kritik von betroffenen Gemeinden und Landkreisen gestoßen sei. Man sei nicht einbezogen worden, hätte beispielsweise die Gemeinde Forbach moniert. Die Medien hatten im Vorfeld über eine Einigung von Ministerpräsident und CDU-Fraktionsvorsitzendem berichtet, die so klang als sei alles schon entschieden.

Der Nationalparkrat, in dem Vertreter von Land und beteiligten Kommunen sitzen, hat der Erweiterung am 4.11.2024 zugestimmt. Der Startschuss für weitere Beteiligungsprozesse wurde damit in Gang gesetzt. Es wird sich zeigen, ob diese Beteiligung ausreichend ergebnisoffen ist, um auch größere Akzeptanz für die Erweiterung zu finden als seinerzeit bei der Schaffung des Nationalparks.

Am 13.1.2025 berichtete Ulrike Bäuerlein, Redakteurin der Zeitung »Südkurier« von »großem Misstrauen« der Anwohner gegenüber der Landesregierung. Bei einer Informationsveranstaltung vor Ort mit der baden-württembergischen Umweltministerin sei deutlich geworden, dass es vor allem am sehr engen Zeitplan Kritik gebe. Die Menschen fühlten sich überrumpelt, weil sie noch unzählige Fragen, Sorgen und Bedenken haben, manche sich gar in ihrer Existenz bedroht fühlten. Wie schon die Gründung des Nationalparks drohe auch die Erweiterung mehr Erbitterung als Unterstützung hervorzurufen. Das wäre erneut eine verpasste Chance. Die Umweltministerin habe allerdings viele Zusagen gemacht, zehn Jahre lang solle noch vieles, wie Wege oder Brennholznutzung beim Alten bleiben. Das sei vielen Menschen bei dem »Jahrhundertprojekt« allerdings zu wenig. Auch im Nationalparkrat solle es künftig keinen Beschluss mehr ohne Mehrheit der kommunalen Seite geben, habe die Umweltministerin versprochen. Gleichwohl seien die Anwohner skeptisch, berichtet Ulrike Bäuerlein und zitiert einen Hotelier: »Ich habe ein Déjà-vu, das hier ist original das Gleiche, wie vor zehn Jahren«. Das Ganze sei ein Schnellverfahren und man fühle sich überrollt, weil die Erweiterung längst von der Landesregierung beschlossen sei und die Informationsveranstaltung mit der Umweltministerin gerade mal drei Wochen vor der geplanten Festsetzung der Gebietskulisse durch den Nationalparkrat stattfinde. Zwischenzeitlich habe sich eine Interessengemeinschaft »Nachhaltig leben mit dem Nationalpark« gegründet, die offiziell von Gemeinderäten und Ortsvorstehern aus der Nachbarschaft des Parks geführt werde, meldete der Südwestrundfunk am 1.2.2025. Gleichzeitig berichtete er, dass der Nationalparkrat seine für den 31.1.2025 vorgesehene Entscheidung über die Erweiterung des Nationalparks verschoben habe, nachdem vor allem die Anliegergemeinde sich gedrängt gefühlt hätten und mehr über die Folgen der Nationalparkerweiterung wissen wollten. Laut Südwestrundfunk habe das Umweltministerium am 31. Januar ein Eckpunktepapier vorgelegt, das in 13 Punkten weitreichende Zusagen an die Bevölkerung in und um das geplante Erweiterungsgebiet enthalte. Das Land garantiere hiermit, dass die Bevölkerung in künftige Entwicklungsprozesse eingebunden werde und der Nationalparkrat künftig wenigstens teilweise öffentlich tagen werde. Auf diese Weise hoffe die Landesregierung, verlorenes Vertrauen zurückzugewinnen. Spannend bleibe die Frage, ob eine Verschiebung des Tagesordnungspunktes im Nationalparkrat den Unmut mancher Kritiker besänftigen könne – davon hinge viel für die endgültige Entscheidung des Landtags im Herbst ab, resümiert der Südwestrundfunk.

VI. Bürgerforum Corona

Mit dem Bürgerforum Corona begab sich die Landesregierung Baden-Württemberg auf einen interessanten Weg der Bürgerbeteiligung. Eine Gruppe von 55 Bürgern, nach dem Zufallsprinzip ausgewählt, beschäftigte sich ein ganzes Jahr lang mit den Auswirkungen der Pandemie. Von anfangs ca. 45 Bürgern blieben allerdings am Ende nur noch ca. 30 aktiv.

Das Ergebnis des Bürgerforums in Form von elf Empfehlungen wurde dem Landtag zugeleitet. Acht der Empfehlungen wurden einstimmig oder mit großer Mehrheit beschlossen, drei Empfehlungen nur mit knapper Mehrheit. Die von großer Mehrheit getragenen Empfehlungen lauteten zum Beispiel: Ausweitung der Teststrategie, bessere Impfaufklärung oder Systematische Krankenhauspolitik, Ablehnung weiterer Lockdowns. Ein nur mit knapper Mehrheit beschlossener Punkt lautete zum Beispiel: Einführung einer allgemeinen Impfpflicht. Im Landtag solle sich anschließend eine Enquetekommission mit der Corona-Pandemie befassen und dabei die Arbeit des Bürgerforums berücksichtigen, so jedenfalls war die Absicht des Landes.

Das Bürgerforum Corona war weitgehend digital organisiert. Zunächst wurden in der zweiten Jahreshälfte 2020 durch ein beauftragtes externes Institut die »Zufallsbürger« ausgewählt. Danach startete das auf ein Jahr angelegte und mit monatlichen IT-Treffen konzipierte Forum. Die Themenauswahl wurde dem Forum überlassen. Als Grundlage diente eine sogenannte »Themenlandkarte« aus einer zuvor durchgeführten öffentlichen online-Umfrage mit 300 Beiträgen und 5.000 Bewertungen. Auf der Themenlandkarte standen beispielsweise: Bedürfnis nach gemeinsamen Freizeitaktivitäten, Einsamkeit, Rolle von Wissenschaft, Transparenz, Homeoffice, Beschränkung der Grundrechte und viele andere. Das Bürgerforum Corona tagte 13- mal online im Monatsrhythmus jeweils etwa drei Stunden lang. Es gab zu jedem digitalen Treffen einen Lagebericht der Landesregierung, drei bis vier Fachvorträge von Experten mit Rückfragemöglichkeit, eine Kleingruppenarbeit der Bürger und eine Abstimmung über die von den Kleingruppen vorgestellten Ergebnisse. Jede Sitzung wurde für die Teilnehmer dokumentiert.

Das Bürgerforum wurde am Ende evaluiert. An der Abschlussbefragung zur Zufriedenheit der Teilnehmer nahmen noch 26 Personen aus dem Bürgerforum teil, von denen 23 bekundeten, dass sie noch einmal teilnehmen würden. Positiv wurden die Informationen der Experten (9 Nennungen) der respektvolle Umgang in den Arbeitsgruppen (7 Nennungen) und die Moderation (6 Nennungen) gewürdigt.

Als Kritik wurde u. a. genannt, dass sich die Experten nicht ausreichend kontrovers positioniert hätten, oder dass Vorträge über die politische Kommunikation oder die gesellschaftliche Spaltung gefehlt hätten. Für die Zufriedenheit mit dem Verfahren wurde die Durchschnitts(schul)note 1,6 vergeben, steht in dem Abschlussbericht »Bürgerforum Corona« des Staatsministerium Baden-Württemberg.

VII. Bürgerforum Opernhaus Stuttgart

Der historische sogenannte »Littmann-Bau« in Stuttgart, Spielstätte der Stuttgarter Oper und des Stuttgarter Balletts, ist dringend sanierungsbedürftig. Erste Schätzungen im Jahre 2019 gingen von einem Finanzbedarf von einer Milliarde Euro aus.

Für die Württembergischen Staatstheater arbeiten ca. 1.400 Menschen, fast 500.000 Bürger besuchen jährlich die Vorstellungen.

Ganz klassisch hatten zunächst die Stadt Stuttgart und das Land als gemeinsame Träger der Spielstätte nach mehrjähriger Planung sowohl für die Sanierung als auch für eine Interimsspielstätte einen Plan vorgelegt, den eine Bürgerinitiative ablehnte. Um diesen Konflikt zu lösen, beschlossen Stadt und Land eine Bürgerbeteiligung zu starten. Mit dem »Bürgerforum zur Sanierung der Württembergischen Staatstheater« bezogen die Stadt Stuttgart und das Land Baden-Württemberg die Meinungen von ca. 50 rein zufällig ausgewählten Bürgern in den Planungsprozess der Sanierung der Staatsoper ein. Über 30 Personen kamen aus der Stadt Stuttgart, 13 aus der Region Stuttgart und neun aus dem weiteren Land. Zuerst konnten alle Bürger des Landes online die Frage beantworten, ob wirklich alle relevanten Themen und Akteure in das Forum einbezogen seien, oder ob weitere Themen bearbeitet werden müssten. Das war erst mal eine reine Themensammlung. Fast

100 Beiträge gingen dazu ein. So entstand eine sogenannte »Themen-Landkarte«. In fünf digitalen Veranstaltungen zwischen Oktober und Dezember 2020 wurden Kulturexperten, Planer, Anlieger, Politiker und Interessenvertreter vom Bürgerforum angehört, so dass sich die »Zufallsbürger« Schritt für Schritt dem Themenkomplex nähern konnten. Themen waren beispielsweise der Einbau einer »Kreuzbühne«, der Denkmalschutz, die veranschlagten Kosten, die Arbeitsbedingungen der Mitarbeiter und der Standort einer Interimsspielstätte. Als Ergebnis der Beratungen des Bürgerforums entstand ein 80-seitiges Votum des Forums mit einer Sachverhaltsdarstellung und Empfehlungen aus Sicht der »Zufallsbürger«. Dieses Votum betont mit klarer Mehrheit der Teilnehmer, dass der Littmann-Bau zentrale Opern- und Ballettspielstätte bleiben solle und eine Kreuzbühne einzubauen sei. Beim Interimsstandort gab es dagegen keine klare Mehrheit. Das Votum wurde am 16.12.2020 an Stadt und Land übergeben. Auf dieser Basis planten Stadt und Land mit einer Projektgesellschaft weiter.

Trotzdem wurde im November 2024 bekannt, dass die Sanierung der Oper bis Anfang der 2040er Jahre dauern könnte. Dies liege vor allem an Verzögerungen beim Bau der Interims-Spielstätte am Stuttgarter Nordbahnhof bei den Wagenhallen. Hierfür war nach einem Architektenwettbewerb ein Interimshaus vorgesehen worden, das eine Nachnutzung mit vielfältigen Lebens- und Wohnformen erlaube, wenn es nicht mehr als Ausweichspielstätte benötigt würde.

Der Bund der Steuerzahler Baden-Württemberg kritisiert die fehlende Transparenz der Kosten und warnt vor einer Kostenexplosion, meldete der Südwestrundfunk am 15.11.2024. Der Steuerzahlerbund erklärte, dass die Reißleine noch gezogen werden könne, vielleicht ginge es auch mit einem günstigeren Neubau. Die Konstanzer Zeitung »Südkurier« veröffentlichte am 22.11.2024 eine online-Leserabstimmung mit der Frage »*Sollte die Sanierung der Oper noch gestoppt werden?*« 90,12 Prozent der teilnehmenden Leser antwortete mit »*Ja, Zeitplan und Kosten laufen schon jetzt aus dem Ruder*«, 9,88 Prozent antworteten mit

»Nein, solche Kulturstätten müssen um jeden Preis erhalten werden«. Angesichts der unklaren Kostenentwicklung und des Zeithorizonts bleibt das Projekt politisch umstritten, auch wenn sich die aktuelle Landesregierung unter Bezugnahme auf das Bürgerforum weiter dafür ausspricht.

VIII. Grundlegende Voraussetzungen von guter Bürgerbeteiligung

Eine Bürgerbeteiligung ist immer sinnvoll, auch wenn fast keine inhaltlichen Spielräume bestehen. Schon der Transparenz wegen. Wenn die technischen Möglichkeiten zum Beispiel eine von den Bürgern geforderte Fahrradunterführung wegen zu geringer Höhe nicht zulassen, hilft es, den Bürgern dies in einem Beteiligungsverfahren zur Verbesserung eines bestehenden zersiedelten Baugebiets verständlich zu machen. Auch entgegenstehende fachliche, technische oder gesetzliche Vorschriften machen ein Beteiligungsverfahren nicht zwingend von vornherein sinnlos. Die Verwaltung hat immer noch das rechtliche Instrument der zeitlich begrenzten Duldung eines (rechtswidrigen) Zustandes, auch das kann eine Lösung in einem Beteiligungsverfahren sein. So wurde etwa schon in den 1980er Jahren in Baden-Württemberg trotz Nachtbackverbot das nächtliche Backen nach dem Verhandeln mit den betroffenen Bäckern von der Gewerbeaufsicht noch zeitweise geduldet. Auch die gesetzlich beschlossene Umstellung von Tankstellen auf Gasrückführungssysteme wurde in Baden-Württemberg zeitweise (für alte Tankstellen) nach Beteiligung der Betroffenen noch zeitweise von den Umweltbehörden geduldet um den bei sofortiger Umsetzung der Gesetze drohenden Konkurs zu verhindern.

Ein starkes öffentliches Interesse oder die konkrete Betroffenheit von Bürgern in ihren Rechtspositionen wirkt oft antreibend für Beteiligungsprozesse. Auf jeden Fall muss es von allen Seiten (Ergebnis)

Offenheit geben und die freiwillige Bereitschaft an einer Lösung mitzuarbeiten. Das gelingt am besten bei transparenten Verfahren und umfassenden Informationen von allen Beteiligten sowie bei respektvollem Umgang miteinander innerhalb eines klaren Zeitrahmens. Es muss auf Seiten der Verwaltung personelle, finanzielle und zeitliche Ressourcen für eine Beteiligung geben, denn umsonst ist sie für den Staat nicht zu haben. Sowohl der Staat als auch die Bürger müssen auch offen sein für die Akzeptanz und Umsetzung der Ergebnisse.

Auch wenn die notwendigen Spielräume für die Verwaltungsentscheidung vorhanden und identifiziert sind, dürfen keine endlosen unstrukturierten Diskussionen angezettelt werden. Nicht alle Diskussionsinhalte und Zwischenergebnisse sollten von den Beteiligten gleich an die Presse weitergegeben werden. Es ist durchaus sinnvoll, Stillschweigen über Positionen oder Zwischenergebnisse zu vereinbaren, bis die Lösung »steht«. Bürgerbeteiligung ist erfolgversprechend, wenn alle Beteiligten in einem gesteuerten Verfahren zusammenkommen, anstatt sich über die Medien zu positionieren. Eine solche Form von Bürgerbeteiligung kann ein neues Verhältnis zwischen Staat und Bürger dokumentieren. Sie kann immer dann funktionieren, wenn verschiedene Interessen zusammenprallen und die Exekutive zumindest eine Lösung finden und eine Entscheidung treffen muss.

Typische Beispielsfälle sind neben den oben näher beschriebenen, vor allem im Naturschutz (Naturschutzgebiete, Hochwasserschutz oder Landschaftsrahmenpläne) im Baurecht (Bauleitpläne, Baugenehmigungen), im Abfallrecht (Müllverbrennungsanlagen, Deponien, Entsorgung radioaktiver Abfälle) im Wasserrecht (Wasserschutzgebiete) oder bei der Verkehrsplanung (Straßen- und Eisenbahntrassen, Verkehrsberuhigte Zonen, Flughafenausbau) zu finden. Hier überall können Bürgerbeteiligungsverfahren den Konfliktpartnern bereits im Vorfeld formaler Verwaltungsverfahren Information und Transparenz, Kooperation und Akzeptanz bringen. Beispielsweise haben bei der Entwässerung von Flughafenflächen in Stuttgart, insbesondere der Proble-

VIII. Grundlegende Voraussetzungen von guter Bürgerbeteiligung

matik der Abwässer bei Enteisung der Flugzeuge, mehrere Kommunen mit dem Flughafen unter Beteiligung der Universität Stuttgart Ende der 1980er Jahre erfolgreich verhandelt, um möglichst wenig umweltbelastende Mittel einzusetzen, diese nach Möglichkeit wieder aufzubereiten, die Abwässer vorzubehandeln und in einer dafür ertüchtigten kommunalen Kläranlage weiter zu behandeln. Zuvor hatte es immer wieder Ärger mit mehreren Anliegergemeinden gegeben, weil Enteisungsmittel im Boden versickerten oder in Gewässer eingetragen wurden.

Zu einer erfolgreichen Beteiligung gehört es, dass die Verwaltung sich zunächst über ihre Ziele klar wird: Was soll mit dem Beteiligungsverfahren erreicht werden? Aus den Zielen entsteht dann die Klarheit über die Zielgruppen: Möglichst viele interessierte Bürger? Nur die Nachbarschaft eines Projekts als Betroffene? Experten? Verbände? Multiplikatoren?

Bei Betrachtung der berichteten Beispiele von Bürgerbeteiligung an öffentlich wirksamen Verwaltungsentscheidungen schälen sich verschiedene Kriterien und Umstände für den Erfolg heraus.

1. Beteiligte frühzeitig identifizieren, »Zufallsbürger« und Gesetz über Dialogische Bürgerbeteiligung

Die Frage der Beteiligung hängt von den Zielen der Verwaltung ab. Beim Ziel der möglichst breiten Beteiligung wird öffentlich eingeladen und jedermann kann teilnehmen. Es gibt dabei aber keine Garantie für eine repräsentative Teilnehmermenge und -zusammensetzung. Die Alternative ist die Zufallsauswahl. Es werden zufällig Personen aus dem Melderegister ausgewählt und eingeladen. Hier wird die Teilnehmergruppe wahrscheinlich heterogener, zumal wenn bestimmte Kriterien bei der Zufallsauswahl, wie Geschlecht, Alter, Staatsangehörigkeit oder Wohnort/Wohnviertel zugrunde gelegt werden. Das Bestreben der Verwaltung muss es sein, Repräsentativität zu erzielen. Die Meinung der Teilnehmer am Beteiligungsprozess soll bestmöglich die Meinung der Gesamtheit wiederspiegeln.

Die frühe Identifikation Betroffener und Beteiligter ist unabdingbar, denn wenig empört betroffene Bürger mehr, als wenn sie sich übergangen fühlen. Dies löst bei den Betroffenen den Eindruck einer ignoranten und arroganten Behörde aus. Auch Protestgruppen und Gegner eines umstrittenen Projekts müssen eingebunden werden. Ideale Verfahren sind »offen für alle«, auch wenn damit verbunden ist, dass vor allem Idealisten oder Menschen mit viel Zeit, wie Studenten oder Rentner, besonders politisch Interessierte oder Menschen mit hohem Bildungsgrad angesprochen sein könnten. Schwer zu erreichen sind oft Menschen mit Migrationshintergrund oder Menschen mit Behinderung. Hier helfen oft Multiplikatoren und Interessenvertreter.

Idealerweise sollten alle, die von einem durch ein Projekt ausgelöstes Konfliktfeld erfasst werden, beteiligt werden. Das Engagement der Bürger ist themenbezogen, nicht parteibezogen. Wer dies alles ist, ist nicht immer leicht zu erkennen. Bei größeren Vorhaben ist das Konfliktfeld in aller Regel größer, als dasjenige, das in einem gesetzlich-formalen Verwaltungsverfahren abgedeckt wird, weil auch zahlreiche (emotionale) Interessen, die nicht als subjektiv-rechtliche oder Verbandsrechte zu qualifizieren sind, eine Rolle spielen.

Von Anfang an müssen vor allem auch alle behördlichen Entscheidungsträger und Träger öffentlicher Belange in Verbänden, Vereinen und Körperschaften eingebunden werden. Dies dient der Begegnung auf Augenhöhe. Oft entsteht bei den Bürgern der Eindruck, die Behördenvertreter hätten mehr Macht. Dieser Eindruck darf sich nicht verfestigen, deshalb ist bei Bürgerbeteiligungen darauf zu achten, Verhandlungen so anzulegen, dass alle sich strukturell gleichberechtigt fühlen. Wichtig ist vor allem, dass die Verwaltung bereit ist, die Kompetenzen der Bürger anzuerkennen und sozusagen die Entscheidungsmacht zu teilen. Die Bürger merken schnell, wenn die Beteiligung nur eine Informationsveranstaltung mit partizipativem Anstrich ist. Andererseits muss allen klar sein, dass Bürgerbeteiligung keine Protestveranstaltung, aber auch kein Plebiszit ist.

VIII. Grundlegende Voraussetzungen von guter Bürgerbeteiligung

Die auszuhandelnden Schritte, Lösungen oder Regelungen müssen oft von größeren Gruppen (Bürgerinitiativen, Vereinen, Verbänden, Nachbarschaften) akzeptiert werden. Nicht alle können persönlich mitverhandeln. Deshalb müssen beteiligte Gruppen über ein Mindestmaß an Organisation und geregelte Willensbildungsprozesse verfügen. Die von ihnen bestimmten oder gewählten Verhandlungspersonen müssen sich rückkoppeln, berichten, Zwischenentscheidungen »absegnen« lassen, damit die gesamte Gruppe den Beteiligungsprozess und seine Ergebnisse akzeptiert.

Keinesfalls darf die Information der Betroffenen und der Öffentlichkeit erst erfolgen, wenn schon einzelne Punkte eines Vorhabens endgültig entschieden sind. Gegner und Protestgruppen einer Einrichtung sollten frühestmöglich – etwa durch Bürgerversammlungen oder das Angebot eines Beirats oder ähnlichem – eingebunden wurden. Es war beispielsweise bei der Information der Einwohner über geplante Flüchtlingsaufnahmeeinrichtungen ungeheuer wichtig, sofort nach Entstehen der Absicht des Ministeriums irgendwo ein Gebäude anzumieten, sofort die Öffentlichkeit zu informieren, bevor vollendete Tatsachen geschaffen wurden. Zeitverzug befördert Gerüchte und gefährdet ein Vorhaben. Transparenz des Handelns der Verwaltung, offene und ehrliche Kommunikation sind unabdingbar. Es hilft nichts, Probleme zu verschweigen, oder ein Projekt schönzureden – ganz im Gegenteil. Auch Punkte, zu denen man aktuell noch nichts Abschließendes sagen kann, müssen offen benannt werden. Niemand erwartet, dass die Behörde immer alles sofort weiß.

Für die qualifizierte inhaltliche Ausgestaltung eines Projekts ist die beste Sachkompetenz gerade gut genug. Es ist wichtig, zu erkennen, dass diese Sachkompetenz nicht nur bei Beamten oder externen Gutachtern, sondern auch bei beteiligten Verbänden und oft auch bei Bürgern und Betroffenen vorliegt. Transparenz, insbesondere auch der Kosten eines Projekts, die der Steuerzahler aufbringen muss, ist dabei enorm wichtig. Dies zeigt etwa die Kritik des Bundes der Steuerzahler an der Opernsanierung nach der erfolgten Bürgerbeteiligung. Viele größere Projekte werfen komplexe wissenschaftliche, technische und finanzielle Fragen mit einem hohen Prognoserisiko und einem großen Unsicherheitsfaktor auf. Deshalb ist es wichtig Expertenwissen einzubeziehen. Entsprechende Gutachten können aber auch den Sachverhalt verabsolutieren, so dass der Spielraum für Entscheidungen schwindet. Andererseits ist es aber wichtig, schwierige Themenbereiche bestmöglich zu durchleuchten, um späterer Kritik, wie beim Kostenrisiko der Opernsanierung bestmöglich frühzeitig zu begegnen.

Ein interessanter Ansatz der Bürgerbeteiligung sind die »Bürgerforen« die das Land Baden-Württemberg durchgeführt hat. Hier wurden zufällig ausgewählte Bürger zur Beteiligung berufen. Dieser Ansatz könnte bei allen Verfahren der Bürgerbeteiligung derart eine Rolle spielen, dass nicht nur die Betroffenen, sondern auch nicht betroffene Dritte mitmachen. Diese Dritten neigen nicht zur Beharrung auf ihren individuellen Einzelinteressen und sind nicht auf ein bestimmtes Ziel fixiert. Vielleicht finden sie leichter Alternativen als die Behörden und die Betroffenen. Bei der Auswahl der »Zufallsbürger« darf auch mit demographischen Merkmalen, Alter, Geschlecht, Bildung, Migrationshintergrund der Zufall etwas unterstützt werden. Da die Teilnahme aber natürlich immer freiwillig ist und ausgewählte »Zufallsbürger« der Beteiligung am Dialog zustimmen müssen, besteht natürlich auch hier das »Risiko«, dass sich vor allem politisch Interessierte, rhetorisch Geschulte, und insbesondere Menschen »mit Zeit«, wie Rentner, Hochschulprofessoren oder Studenten beteiligen. Ob beispielsweise der Bäckermeister oder die Krankenschwester mit Migrationshintergrund mitmachen, ist eher unwahrscheinlich.

In Baden-Württemberg gibt es seit dem 4.2.2021 das Gesetz über die dialogische Bürgerbeteiligung. Der Gesetzeszweck besteht darin, innerhalb der Bevölkerung bestehende Bedürfnisse im Bürgerdialog zu »erkunden«. Sie ist »informelles Verwaltungshandeln« außerhalb eines förmlichen Verwaltungsverfahrens in Form von Diskussionsforen,

Runden Tischen oder Konferenzen. Es steht im Ermessen der Behörden, eine dialogische Bürgerbeteiligung durchzuführen. Die Beteiligung kann mit zufällig nach bestimmten Kriterien aus dem Melderegister ausgewählten Personen erfolgen. Die zufällig ausgewählten Personen werden angeschrieben. Es steht ihnen frei der Einladung nicht zu folgen. Das Land sieht den Vorteil, dass Zufallsbürger nicht »Betroffene« sind und eine emotionale Distanz zu den Themen haben. Die ideale Größe der Foren sei 12-15 Personen. Ergebnis von Bürgerforen solle stets eine Empfehlung an die Regierung bzw. das Parlament sein.

2. Professionelles Projektmanagement

Bei jedem größeren Projekt, das der Genehmigung der Verwaltung bedarf, ist eine gute Projektsteuerung unerlässlich. Ein schlechter Start kann ein Projekt in Gefahr bringen. So war es etwa beim Biosphärengebiet Schwäbische Alb. Man startete ohne klaren Plan und brauchte geraume Zeit, bis sich das zurechtgeruckelt hatte.

Besonders wichtig ist, dass von Anfang an kommuniziert wird, wie groß der Spielraum, den die Beteiligung ausfüllen soll, überhaupt ist. Es muss erklärt werden, wo noch Bewegung möglich ist, und wo schon Entscheidungen getroffen sind. Beim Biosphärengebiet Schwäbische Alb war zum Beispiel irgendwann entschieden worden, dass es keinen Nationalpark geben sollte. Ein Nationalpark wäre kleiner ausgefallen, hätte ein Vielfaches an streng geschützten Flächen bedeutet und seine Ausweisung hätte wohl erbitterten Widerstand ausgelöst. Das musste allen Beteiligten klar gemacht werden, insbesondere, dass ein Biosphärengebiet vor allem auch der wirtschaftlichen Entwicklung und nicht nur dem Naturschutz dient. Ebenso war entschieden worden, dass jede teilnehmende Gemeinde geeignete Flächen, in denen die Natur weitgehend unberührt bleiben sollte, als sogenannte Kernzonen zur Verfügung zu stellen hatte.

Bei der Erarbeitung der Projektstruktur muss ein besonderes Augenmerk auf die Prozessbeteiligten gelegt werden. Die Rollen und Aufgaben aller Beteiligten müssen geklärt werden. Wer koordiniert, wer moderiert, wer hält Zwischenergebnisse schriftlich fest, wer liefert fachlichen Input, wer wertet diesen aus? Wer muss zu welchem Zeitpunkt beteiligt werden? Wer ist benötigter Spezialist? Wann braucht man den Spezialisten? Wer ist Unterstützer? Wann braucht man die Politik? Eine externe Projektsteuerung ist in manchen Fällen sicher nützlich, aber nicht zwingend erforderlich. Eine gute Verwaltung schafft das oft selbst. Sie muss dann die verantwortliche Projektleiterin sein und einen innen und außen akzeptierten Ansprechpartner stellen. Dieser Ansprechpartner braucht den Überblick über die Strukturen und Befugnisse.

Die Verwaltung sollte aber auch nicht zögern, auf einen erfahrenen externen Dienstleister zuzugreifen, wenn es ihr an kompetentem Personal mangelt. Es ist auch möglich, einzelne Arbeitspakete an einen Externen auszulagern, etwa die Konzeption einer online-Beteiligung. Auch eine externe Moderation (wie bei der Flüchtlingsunterbringung) schafft bei manch einer sensiblen Thematik eine neutrale Stelle, die Konflikte versachlichen kann und das Übergewicht der Verwaltung und das Misstrauen in die Verwaltung reduziert.

Bei größeren Projekten kann auch eine Lenkungsgruppe aus Vertretern unterschiedlichster Interessen für effektives Arbeiten sorgen. Die Mitglieder der Lenkungsgruppe können in ihre hinter Ihnen stehenden Verbände hinein jederzeit kommunizieren. Mit einer Lenkungsgruppe kann auch Fachwissen optimal konzentriert werden. Eine Lenkungsgruppe eignet sich gut um Entscheidungen vorzubereiten und Beteiligungsprozesse organisatorisch zu steuern und zu gliedern. Das Land Baden-Württemberg hat beispielsweise bei der Flüchtlingsunterbringung mit solch einer Lenkungsgruppe aus Fachleuten mehrerer Ministerien und Kommunalen Verbandsfachleuten gearbeitet.

Bürgerbeteiligung bedeutet für die Projektsteuerung auch, dass hier Beteiligte aus verschiedenen Bevölkerungsschichten mit unterschiedlichen Vorerfahrungen und Kenntnissen zusammenzubringen sind. Diese Vielschichtigkeit und die unterschiedlichen Einflüsse auf die Menschen bedeuten, dass der Projektverantwortliche Sachverhalte, Regelungen und Interessenlage allen Teilnehmern verständlich machen muss. Dazu gehört Geduld. Bürger sind oft mit Planungen nicht einverstanden, weil sie die Hintergründe nur eingeschränkt kennen und deshalb kein Verständnis entwickeln. Andererseits bringen Bürger auch besondere Fachkenntnisse ein. So berichtet die Zeitung »Südkurier« etwa am 20.11.2024 über den seit 2003 bestehenden Verein »Klar!« aus Singen im Hegau, einer Bürgerinitiative gegen atomare Risiken. Der Verein ist der Auffassung, dass es nicht zuletzt sein Verdienst sei, dass ein Atommüll-Endlager im Hegau nach aktuellem Stand vorläufig vom Tisch sei. Der Verein habe frühzeitig kommuniziert, dass der Hegau wegen der Erdbebengefahr große Risiken berge. Aufgrund eigener wissenschaftlicher Erkenntnisse hätten Mitglieder der Bürgerinitiative mit der Bundesgesellschaft für Endlagerung (BGE) diskutiert. Die BGE habe auf Anfrage bestätigt, dass ein guter Kontakt zwischen Bürgerinitiative und BGE bestehe und es vorkomme, dass Anregungen von Bürgerinitiativen in die Arbeit der BGE einfließen, schreibt der »Südkurier«. Die Fachkenntnisse der Bürger sind oft hilfreich, wenn es nicht nur ja oder nein, schwarz oder weiß gibt. Komplexität ist leichter zu erfassen, wenn verschiedene Standpunkte einbezogen werden.

Professionelles Projektmanagement setzt voraus, dass der Moderator echte nichtförmliche Dialoge anstrebt und diese Dialoge mit den durch Gesetz oft vorgeschriebenen Anhörungs- und Beteiligungsverfahren verknüpft. So sieht es etwa auch der 2013 im Zusammenhang mit der »Verwaltungsvorschrift Öffentlichkeitsbeteiligung vom 17.12.2013« entstandene »Planungsleitfaden Baden-Württemberg« vor. Unter Federführung der Staatsrätin Gisela Erler war dieser Planungsleitfaden nach den Erfahrungen mit Stuttgart 21 entwickelt worden, um in Baden-Württemberg Bürger an staatlichen Entscheidungen über die gesetzlichen Verfahren hinaus zu beteiligen. Die Beteiligung kann in verschiedenen Stufen und mit verschiedenen Methoden, die ein professionelles Projektmanagement kennen muss, durchgeführt werden.

Eine wenig aufwendige Methode ist ein »*Bürgerpanel*«, bei dem Meinungsumfragen online, entweder offen für alle oder durch »Zufallsbürger« initiiert werden. Die Bürger können sich zu einem bestimmten Thema äußern und auch Ideen einbringen. So wurden beispielsweise in Berlin zur Nachnutzung des stillgelegten Flughafens Tempelhof Ideen eingeholt. Die Ideen konnten online vorgebracht, kommentiert und bewertet werden. Die drei besten wurden den politischen Entscheidungsträgern vorgelegt. Ähnlich funktioniert ein »*Bürgergutachten*«, bei dem wieder nach dem Zufallsprinzip ausgewählte Bürger ihre eigene Sachkenntnis zu einem bestimmten Thema gutachterlich formulieren und mit Mehrheit eine Lösung favorisieren. Bei der »*Bürgerkonferenz*« oder dem »*Bürgerforum*« kommen Wissenschaft und Praxis zu den Bürgern dazu um gemeinsam zu versuchen, sich auf eine gutachterliche Lösung zu einigen. Dies geschieht meist im Wechsel zwischen Präsenz und online-Verfahren, beginnend mit einer online-Information und endend mit einer Präsentation und Abstimmung. Bei der »*Meditation*« werden Probleme und kollidierende Interessen der betroffenen Bürger oder Interessenvertreter kreativ bearbeitet und nach Möglichkeit einer konsensualen Lösung zugeführt.

Gute Methoden, auch für große Gruppen, sind das sogenannte »*Open Space*« oder das »*World Café*«. Auch hier werden für ein Projekt oder ein Leitthema kreative Lösungen entwickelt. Beim »*Open Space*« sollen in entspannter Atmosphäre im Plenum und wechselnd in Kleingruppen Lösungsvorschläge erarbeitet und präsentiert werden. Die Kleingruppen arbeiten an einem Thema, dessen Lösungsvorschläge dokumentiert und später im Plenum präsentiert werden. Die Gruppenmitglieder sind nicht fix, sondern die Teilnehmer dürfen von Gruppe zu Gruppe wechseln. Anschließend werden die Themen im Plenum präsentiert und es wird entschieden, im Zweifel durch Abstimmung. Beim »*World Café*« werden ebenfalls in Kleingruppen mit freiwilligen

Gruppenmitgliedern unter Verantwortung eines Themenleiters Probleme (quasi am Cafétisch) bearbeitet und dokumentiert. Nach einer bestimmten Zeit (etwa nach 30 Minuten) wechseln alle Teilnehmer an den nächsten Tisch, nur der Themenleiter und der Dokumentator bleiben. Die neu an einen Tisch kommenden Bürger werden über die bisherigen Ergebnisse informiert und arbeiten am Thema weiter. Bis zum nächsten Wechsel. Sind alle Teilnehmer an allen Tischen gewesen, werden die Ergebnisse im Plenum präsentiert und eventuell verfeinert, variiert oder es wird gleich abgestimmt.

Diese Methoden eignen sich, um die Beteiligungsziele zu verwirklichen. Je nach Ziel kann die Methode ausgewählt werden. Für die reine Information und für eine Ideensammlung eignet sich das Bürgerpanel. Für die Aktivierung der Bürger, die Motivation zum Mitmachen und die Diskussion eines Themas mit Abwägung von Alternativen eignet sich das Bürgergutachten. Geht es darum, Konflikte zu schlichten, eignen sich mediative Verfahren. Open Space und World Café sind gute Methoden, um Empfehlungen und Alternativen zu erarbeiten und eine Entscheidung vorzubereiten.

3. Neutrale Moderation und Mehrheitsprinzip

Die Verwaltung ist mit guten Mitarbeitern sicher in der Lage, die Bürgerbeteiligung eines Projekts gut zu moderieren. Gute Genehmigungsbehörden mit guten Mitarbeitern sind es gewohnt, als Vermittler zwischen widerstreitenden Interessen zu agieren. Andererseits ist die Verwaltung immer auch der Wahrer der öffentlichen Interessen und somit nicht vollkommen neutral. Wichtig ist deshalb, dass die Verwaltung kein herausragendes primär eigenes Interesse hat, insbesondere kein absolut fixes Ziel, sonst geht die Moderation schief.

Optimal für öffentliche Veranstaltungen ist deshalb eine neutrale Moderation. Der Moderator braucht hierfür vor allem Methoden- nicht Fachkompetenz. Die Vertreter der letztlich entscheidenden Behörden können sich dann voll auf Ihre Argumente und auf die Fragen der Bürger konzentrieren. Sie sind nicht abgelenkt, weil sie gleichzeitig die Versammlungen leiten und moderieren müssen.

Zumindest sollte für die Versammlungsleitung ein Moderator aus einer anderen Behörde gewonnen werden, der nicht unmittelbar mit der Entscheidung befasst ist. So hat etwa das Integrationsministerium bei großen Bürgerversammlungen und im Vorfeld absehbaren größeren Konflikten zur Errichtung von Landeserstaufnahmeeinrichtungen häufig einen erfahrenen externen neutralen Moderator beigezogen, der vertrauenswürdig und unparteiisch auftreten konnte. Dies gilt auch bei der Genehmigung von umstrittenen Anlagen und Verkehrsprojekten, wo Standort und Linienführung häufig auf erheblichen Widerstand stoßen. Für die Konfliktlösung ist oft auch das Misstrauen gegenüber der Genehmigungsbehörde hinderlich. Hier schafft ein neutraler Moderator möglicherweise leichter Vertrauen, insbesondere, wenn er vermitteln kann, dass die Beteiligung Betroffener für die Behörde keine lästige Pflichtübung, sondern ein Anliegen ist, um die Qualität der Entscheidung zu verbessern. So kann Vertrauen entstehen, das dazu führt, dass sich Beteiligte und Verhandlungspartner nicht wie Gegner aufführen und versuchen, die andere Seite zu übervorteilen.

Einen vollkommenen Konsens bei vielen Beteiligten zu erreichen ist schwierig bis unmöglich. Es ist deshalb für den Moderator praktikabler, Akzeptanz anstelle von Konsens anzustreben. Er wird alle Beteiligten bestmöglich einbeziehen um eine deutliche Mehrheit für die gemeinsam erarbeitete Lösung zu erreichen. Eine Minorität darf anderer Auffassung bleiben, wenn sie das Verfahren und die Mehrheitsmeinung akzeptiert. Könnte ein kleiner Teil der Betroffenen das Projekt aufhalten oder kippen, wäre dies undemokratisch. Wichtig ist nur, dass die Meinung der Minderheit ausreichend gehört und überzeugend diskutiert wurde, nicht, dass sie sich am Ende auch durchsetzt. Auf diese Weise hat beispielsweise ein Planfeststellungsbeschluss gute Chancen Akzeptanz zu erlangen.

4. Gutes Setting

Ein gutes Setting ist Voraussetzung für gelingende Vor-Ort-Veranstaltungen. Der Veranstaltungsort sollte mit öffentlichen Verkehrsmitteln erreichbar sein. Der Saal sollte übersichtlich bestuhlt werden, mit Platz für Rollstuhlfahrer. Gut handhabbare Mikrofone sind wichtig. Für eine gute Moderation ist auch das richtige Setting ein Erfolgsfaktor. Ein passender äußerer Rahmen in einer guten Umgebung fördert gedeihliches Miteinander und gute Ergebnisse. Getränke, Imbiss und Pausen bei längerdauernden Terminen dürfen nicht vergessen werden. Das klingt banal, ist aber oft von großer Tragweite. Wenn man gut zusammensitzt und gemeinsam über die Dinge redet, ohne zu frieren oder zu schwitzen und keinen Durst oder Hunger leidet, lernt man Leute und Charaktere besser kennen und erfährt, wer wofür steht. Dann schafft man zusammen etwas.

Im Donautal zwischen Beuron und Sigmaringen gab es etwa heftige Konflikte zwischen Kletterern und Vogelschützern. Ausgerechnet am Schaufelsen, einem der besten Kletterfelsen nördlich der Alpen brüteten geschützte Dolen. Bei einem Ortstermin direkt am Fuße des Felsens brachen die Meinungsunterschiede voll aus. Erst als der Verhandlungsführer des Regierungspräsidiums alle Beteiligten in ein nahegelegenes Café einlud und Kaffee und Apfelkuchen spendierte, beruhigten sich die Gemüter. Man einigte sich auf eine kleine Arbeitsgruppe und einen neutralen Experten für Rabenvögel, die einen Plan ausarbeiten sollten, wie sich Kletterrouten und Vogelbrut örtlich und zeitlich vereinbaren ließen. Dieser Plan gelang und wurde schließlich im Konsens vereinbart.

Ortstermine mit Besprechungen und Besichtigungen im Freien sind insbesondere bei Projekten, die in der Landschaft sichtbar werden, unerlässlich. Erst eine Ortsbesichtigung mit Jägern und dem UNESCO Komitee brachte beispielsweise beim Biosphärengebiet Schwäbische Alb den Durchbruch zu einem für beide Seiten akzeptablen Kompromiss in Form von Ausnahmeregelungen bei der UNESCO-Anerkennung zum Thema der eigentlich grundsätzlich in Kernzonen verbotenen Jagd.

Bei Stuttgart 21 hatte man mit Sicherheit viel zu sehr auf Ausstellungen gesetzt, als auf Besichtigungstouren im Bahnhof und Schlosspark. Wichtig bei (Orts-)Terminen ist ein abgestimmtes schriftliches Protokoll, das die Ergebnisse zusammenfasst und wichtige Argumente und Positionen festhält. Eine Grundvoraussetzung für gelingende Beteiligung ist Präsenzpflicht. Alle Teilnehmer müssen an den abgestimmten Sitzungsterminen teilnehmen. Deshalb ist es auch wichtig, dass die veranschlagte Dauer der Sitzung eingehalten wird. Schließlich sollte der Umgang miteinander immer durch Höflichkeit und Respekt geprägt sein – teilweise werden dazu auch schriftliche »Spielregeln« zu Beginn der Beteiligung vereinbart.

5. Koordiniertes Vorgehen

Wenn bei einem Großprojekt zahlreiche Mitarbeiter unterschiedlicher Behörden und Fachrichtungen im Planungsprozess aktiv sind, ist es unerlässlich, dass verwaltungsintern immer wieder ein gemeinsamer Standpunkt abgestimmt und nach außen kommuniziert wird. Kaum etwas würde bei den Bürgern und Betroffenen einen so verheerenden Eindruck hinterlassen, wie der Umstand, dass sich verschiedene Verwaltungs- und Fachebenen in deutlicher Konkurrenz zueinander um die Organisations- und Meinungshoheit bemühen. Eine optimale Behördenkoordinierung ist wichtig. Im Herbst 2024 zeigte sich etwa, dass die 2019 von Land und Stadt Stuttgart beschlossene und von einem Bürgerforum bestätigte Planung zur Sanierung der Stuttgarter Oper nicht ausreichend war, um Bauzeit und Finanzbedarf seriös zu prognostizieren. Hier hätten sich die betroffenen Behörden besser abstimmen müssen. Ministerpräsident Winfried Kretschmann (Grüne) verwies laut der Zeitung Südkurier vom 21.11.2024 darauf, dass die Verzögerung nicht in der Verantwortung des Landes gelegen habe und er sich einen engeren Kontakt zwischen Stadt und Land wünsche.

Auch verwaltungsextern braucht es eine intensive Abstimmung mit den Interessenvertretern der Region, sonst gibt es für ein Großprojekt keine Akzeptanz. Gerade bei Verkehrsprojekten sind unterschiedliche öffentliche Interessen betroffen. Eine gute Verkehrsinfrastruktur ist entscheidend für den Wirtschaftsstandort Deutschland. Deren Realisierung durch neue Straßen und Eisenbahnlinien, Brücken, Tunnels, Landebahnen auf Flughäfen, führt meist zu heftigen Veränderungen der Landschaft, der Natur, und zu Beeinträchtigungen der Anwohner etwa durch Lärm oder Wertminderung ihrer Grundstücke. Hier stoßen die Ziele und Interessen der für Wirtschaftsförderung oder Naturschutz zuständigen Behörden aufeinander. Deshalb ist hier auf der administrativen Ebene eine verteilungsgerechte und gemeinwohlverträgliche Abstimmung besonders wichtig, insbesondere weil bei der Planung von Verkehrsprojekten immer auch mit Prognosen im Interesse auch der nächsten Generation gearbeitet werden muss.

Eine Vernetzung der verschiedenen Behörden und deren Abteilungen untereinander ist deshalb hier besonders wichtig. Trotzdem darf für die Bürger nicht der Eindruck entstehen, als würden die Behörden hinter verschlossenen Türen Absprachen treffen und die Betroffenen hintergehen. Also auch hier gilt es, Transparenz zu bewahren und Kompromisse verschiedener beteiligter Behörden nach außen deutlich zu machen. Das gilt natürlich auch bei privaten Vorhabensträgern, etwa wenn eine nach Immissionsschutzrecht genehmigungspflichtige Anlage, eine Ansiedlung eines Industriebetriebs, die Erweiterung eines Steinbruchs oder einer Kiesgruppe zur Diskussion steht. Eine enge Koordinierung von Unternehmer und Fachbehörden im Beteiligungsprozess ist unabdingbar.

6. Ergebnisoffenheit

Offenheit für Alternativen und Offenheit für Kommunikation der Gegenpositionen und letztlich auch für die Frage des »ob« eines Projekts ist zwingend erforderlich für eine erfolgreiche Bürgerbeteiligung. Hätten Bahn und Projektpartner bei Stuttgart 21 nicht von vornherein auf den unterirdischen Bahnhof und den Teilabbruch des oberirdischen

Bahnhofgebäudes gesetzt, wäre das Projekt sicher besser gelaufen. Wäre das Projekt Biosphärengebiet Schwäbische Alb nicht offen gewesen hinsichtlich Gebietscharakter, Zahl der teilnehmenden Gemeinden und Gebietszonierung wäre es wahrscheinlich gescheitert. Das Beispiel der Mediation der Kreisstraße um Kluftern zeigt, dass auch das »ob« oder »ob nicht« als Alternative möglich sein kann, um eine erfolgreiche Bürgerbeteiligung hinzubekommen. Auch im Falle der Flüchtlingsunterbringung musste das Integrationsministerium immer wieder seine Pläne für eine konkrete Flüchtlingsaufnahmeeinrichtung, zum Beispiel hinsichtlich der Belegung einer ehemaligen Internatsschule in Bad Saulgau aufgeben, weil es ergebnisoffen in die Abstimmungen und Verhandlungen vor Ort ging. Es hilft nicht, mit einem fertigen Plan aufzutreten. Deshalb ist die frühe Bürgerbeteiligung so wichtig, wenn die Pläne noch nicht – wie bei den gesetzlich vorgeschriebenen Beteiligungsverfahren – durch weitgehend abgeschlossene Planungen ziemlich zementiert sind. Da sind Planungen oft schon unumkehrbar.

Andererseits gehört zur Offenheit, dass alle Informationen, die Verwaltung und Projektträger haben, auch kommuniziert werden. Stuttgart 21 und die Stuttgarter Staatsoper zeigen, welch ein Vertrauensverlust bei den (mitarbeitenden) Bürgern entsteht, wenn Informationen wie etwa Bauzeiten und Finanzbedarf nicht seriös berechnet und prognostiziert, aber gleichwohl öffentlich kommuniziert werden. Insbesondere die finanziellen Rahmenbedingungen eines öffentlichen Projekts sind nach kurz- und mittelfristigen Haushaltsansätzen klarzulegen. Insoweit zeigen Verwaltung und Projektträger Stärke, wenn sie sich auf Bürgerbeteiligung einlassen, nicht etwa Schwäche. Bürgerbeteiligung ist ein erfolgversprechender Weg. Möglichst viel Sachverstand wird genutzt, um ein optimales Ergebnis zu erzielen, das von möglichst allen Beteiligten akzeptiert werden kann. Entscheidend ist weniger, dass alle alles akzeptieren, als dass ein für alle akzeptabler Kompromiss entsteht. So kann Konfliktpotential abgeräumt werden, bevor es zu ernsthaften öffentlichen Auseinandersetzungen wie bei Stuttgart 21 kommt.

VIII. Grundlegende Voraussetzungen von guter Bürgerbeteiligung

Klar ist, dass die in der Bürgerbeteiligung gefundenen Ergebnisse die Verwaltung und die Politik (wie beim Bürgerforum Corona) oder die Projektträger (wie bei der Opernsanierung) oder gar den Gesetzgeber (wie beim Nationalpark) nicht zwingend binden können. Diese behalten die rechtliche Freiheit, die Ergebnisse notfalls schlichtweg zu ignorieren. Aber die Macht des Faktischen, die Erwartung der Bürger, mit ihren Ideen und Bedenken ernst genommen zu werden, bewirkt mit Sicherheit, dass die Behörden und Projektträger die Ergebnisse sehr ernsthaft prüfen und in der Regel umsetzen.

Dies ist auch bei fast unvereinbaren Positionen so, wie etwa bei der Frage der wirtschaftlichen Nutzung des Waldes durch die Waldeigentümer und der Fixierung eines Naturschutzes, der die Nutzung durch Holzverkauf praktisch ausschließt. Der knappe Raum in der Bundesrepublik, wo Forstleute den Wald brauchen, um Holz zu nutzen und das öffentliche und das Touristen- Interesse an einem vor menschlichen Eingriffen geschützten Wald macht Kompromisse fast unmöglich. Hier werden schnell Blockadehaltungen aufgebaut und Konflikte heftig und öffentlich ausgetragen. Im Falle des Nationalparks Schwarzwald wurde deshalb nur Staatswald für den Nationalpark herangezogen. Ebenso bei den Kernzonen des Biosphärengebiets Schwäbische Alb. Gleichwohl schaffte die Bürgerbeteiligung ein besseres Verständnis der Bürger und Interessenvertreter für die jeweils andere Seite. Ein Gewinn an sich, auch wenn im Falle des Nationalparks der Gesetzgeber wusste, dass er sich über gegenläufige Interessen hinwegsetzen muss und kein wirklicher Konsens gefunden werden konnte.

7. Klare Spielregeln

Ein Beteiligungsprozess braucht klare Spielregeln. Sachliche Kommunikation, Freundlichkeit, themenbezogene Beiträge und kurze Redezeiten sind wichtig. Der Schutz personenbezogener Daten muss geklärt werden. Dazu muss über § 13 Datenschutz-Grundverordnung informiert werden und die Einwilligung der Teilnehmer eingeholt werden, wenn beispielsweise Fotos gemacht und veröffentlicht werden. Bei einem Naturschutzprojekt wie dem Nationalpark oder Biosphärengebiet muss klar sein, dass gewisse Dinge nicht verhandelbar sind, wie etwa die Größe der Kernzonen. Bei einem Bahnhofsumbau muss allen bewusst sein, dass die Leistungsfähigkeit des Bahnhofs nicht in Frage stehen darf. Bei der Flüchtlingsunterbringung war klare Spielregel, dass Flüchtlinge sich selbstverständlich Tag und Nacht frei bewegen dürfen und dass die Flüchtlingskinder die örtlichen Schulen und Kindertagesstätten besuchen können, sobald eine gewisse Aufenthaltsdauer erreicht ist. Zahlreiche solcher fixen Umstände müssen zu Beginn einer Beteiligung und Verhandlung mit den Bürgern geklärt werden, um Frust und Enttäuschungen zu vermeiden. Der Umfang der Einbindung der Bürger ist zu kommunizieren. Welchen Einfluss auf das Ergebnis soll die Beteiligung haben. Geht es eher um eine Meinungsabfrage oder sind auch möglichst konkrete Entscheidungsempfehlungen angestrebt. Sollen die Bürger auch die Möglichkeit haben, an der Umsetzung der Ergebnisse mitzuwirken, wie etwa beim Wegekonzept des Nationalparks.

Genauso wichtig, wie es ist, die Bürger auf die rechtlichen Grenzen hinzuweisen, ist es, den Bürgern von Anfang an klar zu machen, dass sie nicht die Letztentscheidenden sind. Sie sprechen nur eine Empfehlung an die Verwaltung aus und bei aller Mühe kann es sein, dass ein politisches Gremium oder ein Behördenchef oder das Parlament dieser Empfehlung nicht (vollumfänglich) folgt. Natürlich sollte die Verwaltung im Beteiligungsprozess deshalb vorsichtig mit Versprechungen sein oder sich andererseits als zuverlässig erweisen, indem nur Versprechungen, die den Rechts(Ermessens)rahmen einhalten, gegeben und dann auch gehalten werden. Ebenso gehört zu den Spielregeln, dass die Bürgerbeteiligung primär der Optimierung eines Konzepts und der Lösung von Konflikten und nicht der Verzögerung oder Verhinderung eines Projektes dient. Wie die Beispiele der Kreisstraße im Bodenseekreis oder des Verzichts des Landes auf eine Flüchtlingserstaufnahmeeinrichtung in Bad Saulgau gezeigt haben, kann auch eine »Null-Lösung« herauskommen. Bürgerbeteiligung ist aber kein Instrument für Projektgegner, die aus ideologischen Gründen von vornherein ausschließlich an einer Verhinderung des Vorhabens interessiert sind.

8. Persönliche Begegnung

Die persönliche Begegnung von Behördenmitarbeitern, politisch Verantwortlichen, Projektträgern und betroffenen Bürgern ist ein entscheidender Erfolgsfaktor für einen gelingenden Beteiligungsprozess. Es ist wichtig, dass man sich persönlich erlebt, kennenlernt, dass man weiß, wer am Prozess beteiligt ist und wer wie tickt. Mag auch das Internet Beteiligungsplattformen im Netz anbieten und mag die öffentliche Übertragung einer Besprechung oder Versammlung im Internet oder Fernsehen technisch verlockend sein, vermögen sie doch nicht, die persönliche Begegnung zu ersetzen. Nirgends kann man so gut wie in der persönlichen Begegnung aktiv zuhören, Vorurteile abbauen, Sache und Person trennen, auf Augenhöhe miteinander umgehen und verständlich und klar reden und informieren, geduldig Vertrauen schaffen und Kompromissbereitschaft zum Ausdruck bringen.

Nicht immer sind die Gruppen der Betroffenen und der Aktiven bei der Bürgerbeteiligung so klein, dass die persönliche Begegnung selbstverständlich ist. Hier muss dann auch an Großgruppenbeteiligung gedacht werden. Die Methodenlehre kennt hier etwa »Open Space« oder »World Café«. Dabei werden beispielsweise persönliche Beiträge schriftlich auf großen Karten notiert und auf großen Pinnwänden gesammelt und sortiert. Die Themengruppen werden dann in Arbeitsgruppen behandelt und verfeinert. Die Arbeitsgruppenergebnisse werden dann wieder im großen Plenum vorgestellt und diskutiert. Die Arbeitsgruppenteilnehmer dürfen beim »World-Café« auch wechseln oder an verschiedenen Themen mitarbeiten. Mehrere Durchgänge sind möglich. Das Regierungspräsidium Tübingen hat auf diese Weise mit Hilfe eines Moderatorenteams fast 400 Mitarbeiter in einem »Open-Space-Prozess« erfolgreich ein Leitbild erarbeiten lassen. Also keine

Angst vor großen Gruppen. Zur persönlichen Begegnung gehört, dass jeder die gleichen Informationen durch Zuhören und Beobachten erhalten kann. Die persönliche Begegnung ermöglicht offene Diskussionen zwischen Experten, Bürgern und Interessenvertretern. Sie erlaubt jedem Teilnehmer Vorstellungen, Wünsche und Anregungen vorzutragen. Sie macht Frage-Antwort-Runden möglich. Und sie erlaubt echte Verhandlungen mit dem Ziel des Meinungsaustauschs und der kollektiven Meinungsbildung.

9. Öffentlichkeitsarbeit

Eine gute Öffentlichkeitsarbeit durch die Verwaltung und den oder die Projektträger ist ein zentraler Erfolgsfaktor für das Gelingen eines Großprojektes, das von der Öffentlichkeit mitgetragen werden muss. Frühzeitige, allumfassende und ehrliche Informationen der Bürger können die Akzeptanz eines Vorhabens deutlich fördern. Informationen müssen verständlich aufbereitet werden, ohne »fachchinesische« Begriffe. Öffentlichkeitsarbeit ist nicht auf Pressemitteilungen, Interviews und Pressekonferenzen beschränkt. Auch Pressefahrten, Info-Blätter, »Newsletter«, »Flyer«, öffentliche Versammlungen, Führungen (etwa durch die Gebäude und über das Gelände einer Flüchtlingseinrichtung) oder Ausstellungen auf Märkten und Messen können das Projekt der Öffentlichkeit näherbringen. Dabei sind alle positiven und negativen Umstände und Folgen eines Projekts gleichermaßen anzusprechen. Und ohne Internet-Seite geht es heutzutage natürlich gar nicht. Die Kommunikation muss zwischen Verwaltung und Projektpartnern abgestimmt werden – wahrscheinlich kann man nie genug kommunizieren, wenn ein Projekt der Öffentlichkeit nahegebracht werden soll. Zu einer guten Öffentlichkeitsarbeit gehört es auch, andere Auffassungen und ungeklärte Probleme zu benennen. Aber selbstverständlich dürfen die Chancen eines Projekts in den Mittelpunkt der Öffentlichkeitsarbeit gestellt werden.

VIII. Grundlegende Voraussetzungen von guter Bürgerbeteiligung

Bürgerbeteiligung, die in mehreren Schritten stattfindet, sollte stets – wenn nicht etwas Grundsätzliches gegen die Veröffentlichung von Zwischenergebnissen spricht – nach jedem Schritt die Öffentlichkeit informieren. So hat etwa das Bürgerforum der Opernsanierung nach jeder Sitzung Zwischenergebnisse und Protokolle veröffentlicht. Das ist vorbildliche Transparenz.

10. Bürgerbeteiligung ist Chefsache

Von zentraler Bedeutung bei erfolgreicher Bürgerbeteiligung ist, dass die entscheidende Behörde Verantwortung übernimmt. Nichts dokumentiert dies besser, als wenn der Behördenleiter oder der Minister persönlich vor Ort auftaucht und sich den Fragen der Bürger stellt. Erst die Autorität des Chefs gibt einem Projekt oft die notwendige Bedeutung in den Augen der Bürger. Die Menschen assoziieren ein Projekt gerne mit Menschen, diese müssen dann aber auch in den Ring. Das heißt nicht, dass der Chef alles macht und immer dabei ist, aber er muss sich den Bürgern zeigen. Auf diese Weise verlieren die Behördenchefs auch ihre »Angst« vor dem offenen Meinungsaustausch mit dem Bürger. Sie gewinnen tiefe Einblicke in die Bedürfnisse der Bürger und erkennen Stolpersteine.

11. Ressourcen bereitstellen und benennen

Alle bisher genannten Erfolgsfaktoren einer guten Bürgerbeteiligung erfordern Personal bei den Genehmigungsbehörden und Projektträgern. Hier zu sparen, wäre ein völlig verfehlter Ansatz. Ein Beteiligungsverfahren muss aber nicht teuer sein. Bei der Flüchtlingsunterbringung etwa wurde punktuell, mit ein bis drei Veranstaltungen gearbeitet. Der Umfang ist meist von der Komplexität und Konfliktträchtigkeit des Themas abhängig. Fast noch wichtiger ist es, auch die finanziellen Ressourcen für die Projektrealisierung möglichst exakt zu benennen – auch die Unwägbarkeiten. Es ist sicher ungeheuer schwer, den Finanzbedarf für ein Großprojekt zu beziffern, aber gerade z. B. Stuttgart 2l hat gezeigt, wieviel Vertrauen in der Öffentlichkeit verspielt wird, wenn Projektträger und Verwaltung nicht alle Karten auf den Tisch legen. Ein ähnliches Schicksal könnte der Sanierung der Stuttgarter Oper drohen. Die bauliche Verzögerung und die unscharfe Finanzbedarfsprognose rächen sich und drohen das Ergebnis der Bürgerbeteiligung zu zerstören. Die Sachverhaltsermittlung war offenbar unzureichend, weil erst im Sommer 2024 eine tiefergehende Prüfung der Entwurfsplanung von der eigens gegründeten Projektgesellschaft vorgenommen wurde und dabei festgestellt wurde, dass der Zeitplan nicht zu halten sei. Die Zeitung »Südkurier« vom 21.11.2024 zitiert den Geschäftsführer der Projektgesellschaft Christoph Niethammer: »Wir haben jetzt erstmals eine belastbare Grobterminplanung gemacht«. Also lange nach der Bürgerbeteiligung. »Wir haben keine Kostenprognose« sagte auch der Stuttgarter Oberbürgermeister Frank Nopper (CDU) im Herbst 2024 laut Südkurier. Über den Winter 2024/2025 soll die Projektgesellschaft im Auftrag des Verwaltungsrats der Staatstheater noch einmal die ganze Kosten- und Bauplanung überprüfen. Ganz klar: Es ist die Bringschuld von Verwaltung und Projektträger, die erwartbaren Kosten so transparent öffentlich zu präsentieren, dass sie für die Interessierten nachvollziehbar sind.

Zweiter Teil: Problemlösung durch strukturierte Verhandlungen

I. Grundlagen – Wie können Verhandlungen funktionieren?

Die moderne Verwaltung braucht den Dialog mit dem Bürger, wenn die Demokratie weiter von allen getragen werden soll. Der Dialog in Form von Verhandlungen, in denen geordnet um die beste Lösung für die Beteiligten und das Gemeinwohl gerungen wird, bedarf einer klaren Struktur, wenn er gelingen soll. Eine solche gute Struktur unterscheidet intuitives und planloses von rationalem Verhandeln. Die Struktur hilft, dass miteinander und nicht gegeneinander verhandelt wird. Nur wenn Bürger und Verwaltung bereit sind, alle ihre jeweiligen Interessen, Werthaltungen und Informationen offenzulegen und an die Zukunft zu denken und nicht Vergangenheitsbewältigung betreiben, wird eine Verhandlung erfolgreich sein können. Bei jeder Verhandlung und bei jedem Meinungsunterschied gibt es mehrere Seiten, eine rechtliche, eine wirtschaftliche und eine psychologische. Angeblich sei es typisch für die *deutsche* Streitkultur sich ausschließlich an der rechtlichen Seite zu verbeißen. Bei einer echten Verhandlung sind Bürger und Verwaltung berechtigt und dazu ermutigt, alle Aspekte, auch die wirtschaftlichen und persönlich-psychologischen zu offenbaren. Nur so kann ein Ergebnis, das von den Beteiligten akzeptiert wird, erzielt werden. Sinnvolle Verhandlungen werden kaum gelingen, wenn eine Partei von Anfang an auf den streitentscheidenden Richter schielt, anstatt sich selbst an der Lösung zu beteiligen. Denn der Instanzenzug kann Jahrzehnte dauern, wie etwa die Gerichtsverfahren zum Basistunnel der A 81 bei Leonberg gezeigt haben. Wenn die Verwaltung mit dem Bürger verhandelt, brauchen beide Seiten ein Ziel. Das ist bei zwei privat Verhandelnden genauso. Private wollen ein möglichst gutes Verhandlungsresultat für sich erzielen. Oft geht es dabei um finanzielle Belange. Natürlich können auch ideelle Ziele, wie bestmöglicher Umweltschutz, etwa bei einem Umweltverband, eine große Rolle spielen. Bei der Verwaltung sind die Ziele meist komplexer. Die Exekutive ist mit verschiedensten Interessen konfrontiert; Interessen, die sich oft widersprechen. Das sind meist nicht nur Bürgerinteressen, sondern oft auch öffentliche Interessen, die von unterschiedlichen Behörden oder unterschiedlichen Abteilungen einer Behörde vertreten werden. Um ihr Verhandlungsziel genauer zu bestimmen, muss die Verwaltung zuerst die Motive des Gesetzgebers für eine oder auch mehrere bestimmte Regelung(en) erforschen und für den zu entscheidenden Einzelfall interpretieren.

Jeder spricht davon, dass Verhandlungen auf »gleicher Augenhöhe« erfolgen sollen. Das kann bei Verhandlungen der Verwaltung, zum Beispiel mit einem Unternehmen bedeuten, dass der verhandelnde Beamte mit dem verhandelnden Mitarbeiter eines Unternehmens auf gleicher Hierarchiestufe stehen sollte. Beide, der Beamte und der Unternehmensvertreter müssen in diesem Fall eine gewisse Verhandlungsprokura haben. Das bedeutet nicht zwingend, dass nicht beide Seiten, wenn sie ein gemeinsames Verhandlungsergebnis erzielt haben, dies nicht noch von der Behördenleitung, dem Gemeinderat oder Ministerium und auf der anderen Seite vom Vorstand eines Unternehmens »absegnen« lassen müssen. Es bedeutet aber auf jeden Fall, dass beide Seiten zunächst ungehindert verhandeln können und nicht bei jedem kleinen Detail oder »Angebot« der anderen Seite rückfragen müssen. Erforderlich ist vielmehr eine gewisse freie Verhandlungskultur – ein echter kooperativer Verhandlungsstil.

I. Grundlagen – Wie können Verhandlungen funktionieren?

Bevor die Verwaltung Verhandlungen mit dem Bürger beginnt, muss sie sich selbst klar machen, was die »Verhandlungsmasse« ist. Insbesondere der finanzielle Rahmen muss klar sein. Mögliche Kompromisse müssen erwogen und gesetzliche Grenzen bedacht werden. Das bedeutet, dass strategisch schon anfangs verwaltungsintern definiert wird, wo die Grenzen liegen und welches Ergebnis der Verhandlungen (noch) akzeptabel wäre. Diese Grenzen müssen verwaltungsintern geeint sein; die Verwaltung muss also, auch wenn sie durch verschiedene Behörden mit dem Verhandlungspartner und der Öffentlichkeit kommuniziert, mit einheitlichen Positionen auftreten. Ein wichtiger Grundsatz der Verhandlung und des Dialogs mit dem Bürger ist die Personenidentität und die persönliche Kommunikation. Gleichgültig ob der einzelne Bürger oder eine ganze Personengruppe zum Beispiel bei Bürgerinitiativen auf der einen Seite der Verwaltung gegenüberstehen, müssen es von Anfang bis Ende die gleichen Personen sein, und sie müssen selbst verhandeln. Nur so kennen alle sämtliche Aspekte pro und contra. Bei Bürgerinitiativen, Vereinen, Verbänden oder Unternehmen muss also immer dieselbe Person als Vertreter fungieren. Und sie braucht entsprechende Vollmacht. Es wäre sehr problematisch, wenn jeder einzelne kleine Verhandlungsfortschritt und jede Kompromissposition erst (aufwendig) »genehmigt« werden müsste, bevor weitergesprochen werden kann.

Verhandlungen sollten ein Zeitbudget haben. Zeitdruck fördert gute Verhandlungen nicht. Das Gegenteil, das Gefühl, alles habe noch endlos viel Zeit, führt zu Endlosdebatten. Natürlich ist ein Scheitern von Verhandlungen nie ausgeschlossen, deshalb muss schriftlich Vertraulichkeit für vertrauliche Informationen der jeweiligen Seite zugesichert werden. Für länger dauernde Verhandlungen, insbesondere bei schwierigen Projekten der öffentlichen Hand wie einem Nationalpark, einer Flughafenerweiterung, eines Straßen- oder Bahnbauprojekts oder auch Projekten eines Unternehmens bei einer Industrieansiedlung ist vor Verhandlungsbeginn auch eine Kostentragung, insbesondere für die ehrenamtlich verhandelnden Bürger, zu vereinbaren. Nach jeder Verhandlungsrunde ist ein schriftliches Protokoll mit Genehmigung der Verhandelnden durch Unterschrift zu erstellen. Zu Beginn der Verhandlung brauchen alle Beteiligten Raum, ihre Perspektive zu schildern. Diese sind für alle sichtbar (schriftlich) festzuhalten. Danach beginnen die eigentlichen Verhandlungen mit der gemeinsamen kreativen Lösungssuche. Gut ist es, wenn die Verhandlungen nach Problemkomplexen sortiert werden. Auch über die Hierarchie der Problemkomplexe (was hängt wovon ab) und deren stufenweise Abarbeitung sollten die Verhandlungspartner sich möglichst früh einigen.

Nach erfolgter Einigung ist für deren Umsetzung der dazu eventuell erforderliche öffentlich-rechtliche Vertrag oder das gemeinsam gefundene »Agreement« möglichst exakt zu fixieren. Verwaltung, Bürger und evtl. auch beteiligte Dritte, wie zum Beispiel Unternehmer, müssen sich in dem Abschlussprotokoll »wiederfinden«. So lassen sich spätere Streitigkeiten über die Verhandlungsergebnisse oder die Vertragsauslegung vermeiden. Empfehlenswert ist auch eine Monitoring- und Evaluations-Regelung für die Umsetzung des Verhandlungsergebnisses oder eine Vereinbarung, die beim Scheitern der Umsetzung die Folgen regelt.

II. Wo gibt es mögliche Verhandlungshindernisse?

1. Gesetzesbindung der Verwaltung

Die Verwaltung unterliegt dem Grundsatz der Gesetzmäßigkeit und braucht für ihr Handeln stets eine gesetzliche »Ermächtigungsgrundlage«. Dies gilt zumindest, wenn der Bürger durch das Handeln der Verwaltung belastet wird. Dieser Grundsatz des demokratischen Rechtsstaats soll den Bürger vor Willkür der Behörden schützen. Dieser Grundsatz spricht zunächst nicht gerade für Verhandlungen. Die Vorgaben des Gesetzgebers können die Verhandlungsspielräume natürlich limitieren, in manchen Fällen definitiv auch »auf Null« reduzieren. Mit neuen Details und neuer Bürokratie verengen Gesetze die Verhandlungsspielräume zunehmend. Dies ist die Folge der Tradition der deutschen Gewaltenteilung, die die Verwaltung als reine gesetzesausführende Exekutive sieht. Verwaltungsrecht ist überdies als Subordinationsrecht ausgestaltet – klassischerweise besteht ein hierarchisches Über- und Unterordnungsverhältnis zwischen Verwaltung und Bürger. Verhandlungen verlangen aber »Augenhöhe«.

Die Gesetze werden mit ansteigender Detaillierung für den Bürger und auch für die Verwaltung zunehmend komplizierter und unübersichtlicher. Dies schränkt ihre Handhabbarkeit für die Verwaltung ein. Viele Gesetze erleiden deshalb dieses Schicksal, weil der Gesetzgeber angesichts untypischer Einzelfälle in der Praxis, dem Druck der Lobbyisten oder einer von der Regierung oder den Abgeordneten empfundenen Gerechtigkeitslücke alles immer noch perfekter regeln will. Jede Änderung zieht aber zwangsläufig wieder Folgeänderungen, Ausnahmen und Sondervorschriften nach sich. Hinzu kommen Rechtsverordnungen und Verwaltungsvorschriften, die die Ausführung eines Gesetzes weiter detailgetreu zu regeln versuchen. Die damit immer häufiger empfundene legislative und exekutive Hektik bringt zunehmend mit »heißer Nadel« gestrickte, nicht immer auf alle langfristigen Folgen durchdachte Regelungen zustande.

Verstärkt wird dieser Trend zusätzlich manchmal noch durch die Justiz. Richter bringen mit Urteilen über von ihnen als »lückenhaft« empfundene Gesetze und teilweise auch mit Positionen, die von der Verwaltung abweichen, zusätzliche Enge in die Verwaltungsspielräume. Die Exekutive kann natürlich ergangene Gerichtsurteile bei ihren künftigen Entscheidungen nicht einfach ignorieren. Die Gerichte haben sicher die gute Absicht, von ihnen als mangelhaft empfundene Gesetze zu verbessern. Es scheint im modernen Rechtsstaat immer nur ein Vorwärts zu noch perfekteren Regeln zu geben. Eine Rückbesinnung auf eine gute Verwaltung, mit hochqualifizierten Mitarbeitern, die die Freiheit des Dialogs mit dem Bürger bei der konkreten Entscheidungsfindung haben, weil die Gesetze und Gerichtsurteile einen ausreichenden Spielraum lassen, findet eher wenig statt. Die Verwaltung sollte vermehrt »anstatt einen Verwaltungsakt zu erlassen«, einen öffentlich-rechtlichen Vertrag mit den Beteiligten schließen, was begrifflich ein Aushandeln einschließt. So ist es ausdrücklich in § 54 Satz 2 des Verwaltungsverfahrensgesetzes formuliert. Diese Regelung aus den 1970er Jahren ist das echte Einfallstor für konsensuales Verwaltungshandeln. Die Vorschrift beendete seinerzeit mit einer gesetzgeberischen Entscheidung den zuvor herrschenden Meinungsstreit, ob die Verwaltung mit dem Bürger »paktieren« dürfe. Engen rechtlichen Verfahrensbeschränkungen unterliegt die Verwaltung dabei nicht. Ob sie durch Verwaltungsakt oder öffentlich-rechtlichen Vertrag handelt fällt grundsätzlich in ihr Ermessen. Sie hat freie Verfahrenswahl, falls es nicht für bestimmte Verfahren anders gesetzlich vorgeschrieben ist. Aber selbst dann, wenn die Verwaltung etwa einen Verwaltungsakt oder eine Satzung nach einem gesetzlich vorgesehenen Planfeststellungs- oder Bebauungsplanverfahren erlassen muss, hindert sie dies nicht daran, im Rahmen dieses Verfahrens mit den Beteiligten zu verhandeln und gemeinsam gute Lösungen zu suchen. Diese Beteiligung ist am besten im Vorfeld des – natürlich noch nötigen – gesetzlichen Verfahrens angesiedelt. Ziel der Vorfeldbeteiligung darf dabei auch eine rechtlich zulässige Vereinbarung aller Beteiligter sein, die aber die Individual- und Allgemeininteressen berücksichtigen muss. Und erst am Ende des gesetzlich vorgeschriebenen Verfahrens darf formal ein rechtsverbindliches Ergebnis stehen – die Verwaltung muss die Letztentscheidung behalten. Allein die Beschreibung des Genehmigungsverfahrens um »Stuttgart 21« reicht, um zu zeigen, was trotz aller eingehaltenen Verfahrensschritte geschehen kann, wenn die Beteiligten und die betroffenen Bürger nicht in Form eines frühen Verhandlungsdialogs eingebunden sind.

Neben förmlichen Verfahrensabschlüssen durch Verwaltungsakt oder öffentlich-rechtlichen Vertrag kennt die Verwaltungspraxis aber auch schon immer formlose Absprachen, oft »Gentlemen Agreements« genannt. In der Wissenschaft wird dieses Handeln als »informelles« Verwaltungshandeln beschrieben. Es ist durchaus anerkannt und rechtmäßig, solange der Bindungsgehalt im Einzelfall eindeutig ist und nicht gegen verbindliche Rechtsregeln gehandelt wird. Auch solche formlosen Absprachen werden natürlich im Wege der Verhandlung gewonnen. Auch auf diesem Wege kann sich die Verwaltung aus ihrer Vorzugsstellung des Subordinationsrechts mit Über- und Unterordnung zurückziehen, um kundenorientiert zu handeln. Nicht nur im Interesse des Bürgers als Kunden, sondern vor allem auch, um die Verwaltungseffizienz zu erhöhen, zweckmäßig zu agieren, Fehlinvestitionen zu verhindern, Rechtsunsicherheiten abzubauen oder Rechtsstreitigkeiten zu verhindern. Und ein weiteres Ziel ist es, den Sachverstand der Bürger zu nutzen und insgesamt eine höhere Akzeptanz für ihre Entscheidungen zu gewinnen.

2. Programmierung der Exekutive durch die Parlamente

Gesetze sind im Rechtsstaat das entscheidende Steuerungsinstrument. Die Parlamentarier wissen, dass ein Gesetz dazu dient, Politik im Sinne des parlamentarischen Engagements zu machen. Deshalb ist es nachvollziehbar, dass in der komplexen Welt auch ständig neue Gesetze durch das Parlament beschlossen werden, mit dem Ziel, diese Komplexität zu bewältigen.

Ein gutes Gesetz hat ein politisches Ziel. Dieses politische Ziel sollte mit dem Gesetz effizient erreicht werden. Dieses Ziel sollte das Gesetz vor allem mit wenig Umsetzungsaufwand für Verwaltung und die Bürger anstreben. Gut ist es, wenn dieses Ziel durch das Gesetz auch nachhaltig verfolgt wird und das Ziel messbar, rechtssicher und kosteneffizient erreicht werden kann. Wenn das Gesetz dann auch noch in sich widerspruchsfrei ist und sprachlich bestmöglich verständlich formuliert ist, kann man sicher von einem »guten« Gesetz sprechen. Für den Bürger und die Verwaltung, die zu Recht über die ausufernde Bürokratie klagen, gehen die Anforderungen an ein gutes Gesetz aber noch weiter. Der Gesetzgeber sollte den Mut haben, auf die dem Perfektionsstreben zu verdankenden fein ziselierten Einzelfallregelungen zugunsten von Generalklauseln zu verzichten. Damit wird ein Gesetz zweifelsfrei praxisnäher. Seit Jahrzehnten heißt es in den Polizeigesetzen der Länder sinngemäß und generalklauselartig: »*Die Polizei hat die Aufgabe von dem Einzelnen und dem Gemeinwesen Gefahren abzuwehren, durch die die öffentliche Sicherheit oder Ordnung bedroht wird, und Störungen der öffentlichen Sicherheit oder Ordnung zu beseitigen, soweit es im öffentlichen Interesse geboten ist.*« Mit dieser Klausel können tausende völlig unterschiedliche Fallkonstellationen optimal vor Ort gelöst werden. Auch neue Phänomene können mit dieser Generalklausel durch Gesetzesauslegung gelöst werden. Die Polizei braucht dazu keine weiteren Gesetze, sondern nur gute Beamte. Unnötige Einzelfall- und Spezialregelungen nehmen der Verwaltung oft den Spielraum, den sie in der Praxis bei der Gesetzesanwendung und Gesetzesumsetzung braucht, um Einzelfälle vor Ort pragmatisch gerecht und fair zu lösen. Sollte der Gesetzgeber versuchen, hier perfekt Einzelfälle zu regeln, um alle denkbaren Lebenssachverhalte, die die öffentliche Sicherheit und Ordnung betreffen zu regeln, kann er nur scheitern. Die Steuerungsfähigkeit des Gesetzes würde nicht besser, sondern schlechter. Die Steuerungsfähigkeit eines Gesetzes im Hinblick auf die Zielerreichung wird nicht verbessert, wenn der Gesetzgeber Einzelfälle zu regeln versucht. Im Gegenteil: Die Zahl der Zweifelsfälle wird erhöht und die Inanspruchnahme der Gerichte verstärkt. Dies gilt inzwischen auch für Teile der Aufgaben der Polizei – die Gesetzgeber glaubten, viele Details zusätzlich zur Generalklausel regeln zu müssen. Dadurch wurde die Aufgabe der Polizeibehörden nicht einfacher – ganz im Gegenteil. Schlimm sind auch gesetzliche Widersprüche, wenn mehrere Fachgesetze denselben

Sachverhalt betreffend, unterschiedliche Regelungen aufweisen, weil im Gesetzgebungsverfahren nicht ausreichend koordiniert wurde. Auch Unschärfen im Gesetz sind für die Verwaltung schwierig in der Anwendung auf konkrete Sachverhalte. Diese kommen vor, wenn die Ziele eines Gesetzes in seinen Paragrafen unklar formuliert werden. Grund sind oft Kompromisse im Gesetzgebungsverfahren, die nicht mit der notwendigen Gründlichkeit formuliert wurden.

Nach einer Untersuchung des Münchener Ifo-Instituts von 2024 im Auftrag der IHK München kostet die Bürokratie 164 Milliarden Euro Wirtschaftsleistung pro Jahr. Diese Kosten entstünden oft durch gesetzliche Nachweis- und Dokumentationspflichten, Berichtspflichten und Statistikmeldungen, häufige Gesetzesänderungen und Datenschutzvorgaben. Das alles führt natürlich zu Zeit- und Kostenaufwand bei den Betrieben und zu langwierigen Verwaltungsverfahren und belasteten Behördenmitarbeitern.

»Gut« kann ein Gesetz werden, wenn schon im Gesetzgebungsverfahren tiefschürfend und möglichst genau alle Folgen der Gesetzesanwendung prognostiziert, abgeschätzt und berücksichtigt werden. Dazu gehört auch, dass die Vorgängergesetze und deren bisherige Anwendung in der Praxis durch den Gesetzgeber genau analysiert werden, um frühere Fehler zu vermeiden. Dies beinhaltet auch, alte und unnötige Regeln abzubauen. Die meisten Gesetze, die die Parlamente erlassen, sind ja nicht vollständig neu, sondern Änderungsgesetze, die die alten Regelungen modernisieren sollen. Der Tübinger Oberbürgermeister Boris Palmer hat dies auf einer öffentlichen Veranstaltung der Zeitung »Südkurier« im November 2024 wie folgt ausgedrückt (im Hinblick auf den Datenschutz, der verhindere, dass Ausländeramt und Integrationshelfer über Migranten miteinander kommunizierten): »*Wir sind ein komplett verrechtlichter hypertropher Staat, der nicht mehr handlungsfähig ist*«.

Natürlich programmiert das öffentliche Recht die Verwaltung stark. Es herrscht keine Autonomie und weitgehende Gestaltungsfreiheit wie im Zivilrecht. Ein (zu) enges Gesetzesgeflecht ist aber entscheidend für die Bürokratie und das Verhalten der Verwaltung. Und es beschränkt deren Kreativität. Gleichwohl hat die Verwaltung in dem Rahmen der Gesetzmäßigkeit der Verwaltung als Verfassungsgrundsatz in unserer Demokratie mit ihrer Gewaltenteilung noch (ausreichend) Freiräume der Gestaltung.

Neben dem gesetzesfreien Raum, den es immer noch, wenn auch schwindend gibt, kommt hier der weite Bereich der Ermessensentscheidungen und der unbestimmten Rechtsbegriffe sowie der planerischen Gestaltung ins Spiel. Hier hat die Verwaltung originären Entscheidungs- und Beurteilungsspielraum und kann Verordnungen, Satzungen, Verwaltungsakte, Verwaltungsvorschriften erlassen und Verträge im kommunikativen und konsensualen Zusammenwirken mit den jeweils beteiligten Bürgern schließen. Mit Ermessensregelungen räumt der Gesetzgeber der Verwaltung bewusst einen Spielraum ein, in der Erkenntnis, dass er nicht alle Fälle voraussehen und regeln kann. Es kann auch eine bewusste Zurückhaltung des Gesetzgebers sein, weil er den Behörden zutraut, in seinem Sinne aufgrund der Zielsetzung des Gesetzes richtig zu handeln.

Bei der konkreten Raumordnung, die der Verwaltung obliegt, und bei der sie (Groß-)Projekte im Allgemeininteresse wie Verkehrswege, Ver- und Entsorgungsanlagen, Natur- oder Wasserschutzgebiete, Bauvorhaben und ähnliches realisiert bzw. realisieren hilft, tangiert ihre Tätigkeit in aller Regel nicht nur einzelne Bürger, sondern größere gesellschaftliche Gruppen. Dies gilt auch, wenn private Unternehmer natur-, immissionsschutz- oder wasserrechtlich relevante Anlagen, etwa Steinbrüche, Kiesgruben, Papierfabriken oder Stahlwerke errichten wollen. Hier trifft die Verwaltung auf widerstreitende öffentliche und private Interessen. Bei deren Ausgleich im Planungs- und Genehmigungsverfahren muss ihr schon naturgemäß eine größere Gestaltungsfreiheit zukommen als beim reinen knallharten Gesetzesvollzug, weil hier die Vorgaben des Gesetzgebers weniger detailliert sein können.

Hier bietet sich für die Verwaltung auch die Möglichkeit der »Kuchenvergrößerung«. Es kann die Akzeptanz einer Verwaltungsentscheidung gewaltig verbessern, wenn der von einer Genehmigung Profitierende beispielsweise bei einer emittierenden Anlage strengere Grenzwerte als gesetzlich vorgeschrieben freiwillig akzeptiert oder der Bauwillige das zulässige Baufenster oder die zulässige Gebäudehöhe nicht maximal ausschöpft, um damit der Nachbarschaft entgegen zu kommen. Auch freiwillige Ausgleichsmaßnahmen des Genehmigungsinhabers fallen in die Kategorie der »Kuchenvergrößerung« und können helfen, im Einzelfall eine Genehmigung zu erhalten, die nicht vor Gericht angefochten wird.

Ein Abweichen der Verwaltung von *zwingenden* gesetzlichen Regelungen ist dagegen rechtstaatlich nicht möglich. Der Normgeber selbst kann im Zweifel von Rechtsverordnungen oder Satzungen bei deren Anwendung im Wege einer Ausnahme abweichen. Die rein ausführende Verwaltung wird dies nicht ohne weiteres können, es sei denn, sie kann ein Abweichen mit höherrangigem Recht rechtfertigen, weil etwa nur der Kompromiss verfassungsrechtlichen Regeln entspricht.

3. Formalisierte Verfahrensstrukturen

Das Handeln der Verwaltung ist häufig an bindende Verfahrensvorschriften geknüpft. So enthalten zahlreiche Fachgesetze Verfahrensregeln, etwa für die jeweilige Planfeststellung oder Genehmigung. Auch das (allgemeine) Verwaltungsverfahrensgesetz enthält traditionelle Regeln des Verwaltungsverfahrens, die vor deren Kodifizierung bereits als Gewohnheitsrecht existierten. Diese Regeln sind natürlich von der Verwaltung zu beachten. Bei genauerer Betrachtung zeigt sich aber, dass Bürgerpartizipation und Bürgerdialog den zwingenden Verwaltungsverfahren nicht fremd sind. Als Beispiele können hier die Regelungen im Verwaltungsverfahrensgesetz (VwVfG) dienen. § 13 VwVfG führt die Beteiligten am Verwaltungsverfahren auf. Das sind nicht nur Antragsteller und Antragsgegner, sondern auch diejenigen, mit denen die Behörde einen öffentlich-rechtlichen Vertrag schließen will oder die sie hinzuzieht, weil ihre rechtlichen Interessen berührt sein können. § 14 VwVfG erlaubt Bevollmächtigte und Beistände, die den Bürger unterstützen. § 25 VwVfG enthält Regelungen über die Beratungspflicht der Behörden, Auskunfts- und Beschleunigungsregeln und die frühe Beteiligung der Öffentlichkeit. § 28 VwVfG regelt die Anhörung von Beteiligten vor der Verwaltungsentscheidung. § 29 VwVfG die Akteneinsicht durch den Bürger. § 66 VwVfG gibt Beteiligten das Recht, sich vor der Verwaltungsentscheidung zu äußern. Schließlich räumt § 73 VwVfG umfassend das Anhörungsverfahren bei der Planfeststellung ein. In allen diesen Vorschriften ist also der Gedanke der Kooperation mit den Bürgern als Verwaltungskunden angelegt. Außerdem sind die Vorschriften über Verwaltungsverfahren nicht absolut ausschließlich und abschließend. Mit vor das strenge Verwaltungsverfahren gezogenen Schritten der Partizipation und Bürgerbeteiligung können Verwaltungsverfahren ergänzt (und verbessert) werden. Auch wenn es also auf den ersten Blick nicht den Eindruck macht, im Verwaltungsverfahren könne verhandelt werden, ist dies in der Praxis doch oft möglich. Über den Kreis der im Verwaltungsverfahren oft zwingend heranzuziehenden Personen hinaus (Antragsteller, Sachverständige, Nachbarn) können zusätzlich im weiteren Sinne Betroffene freiwillig beteiligt werden. Und über die formale Kooperation durch formalisierte Anhörungs- und Erörterungsverfahren hinaus kann mit allen Beteiligten auch kreativ verhandelt werden. So können die manchmal als unzweckmäßig, ritualisiert und wenig effizient empfundenen Formalbeteiligungen im Sinne der freiwilligen Kooperation aller Interessierten erweitert werden, um Akzeptanz auf allen Seiten zu erzielen.

4. Rechts- und Fachaufsicht durch Behörden

Entscheidungen der Verwaltung unterliegen mehrstufigen Kontrollmechanismen. Übergeordnete Behörden üben die Rechts- oder Fachaufsicht aus. Auch Prüfungsämter oder Rechnungshöfe können die (finanziellen) Auswirkungen der Verwaltungsentscheidung kontrollieren. Bei den Kommunen schließlich ist die Verwaltung letztlich auch der Kontrolle durch Gemeinderat oder Kreistag unterworfen. Die Folge dieser Kontrolle ist ein faktisch eingeschränkter Handlungsspielraum der Verwaltungsbehörden bei der Verbindlichkeitserklärung eines Verhandlungsergebnisses oder der im Rahmen von Bürgerbeteiligung konsensual gefundenen Ergebnisse. Mögliche Verhandlungsergebnisse der Verwaltung bedürfen demnach oft auch noch einer Beteiligung der Letztentscheidungsinstanz, beispielsweise des kommunalen Entscheidungsgremiums oder der Aufsichtsbehörde. Ein Verhandlungsergebnis zwischen Behörde und weiteren Beteiligten wird aber eine gewisse Macht des Faktischen entwickeln, so dass der Umstand, dass die Behörde das Ergebnis nicht unmittelbar allein umsetzen kann, nicht gegen die Partizipation der Bürger und das Verhandeln spricht.

5. Rechtsweg zu den Gerichten

Verwaltungsentscheidungen unterliegen der (verwaltungs)gerichtlichen Kontrolle. Jeder durch sie belastete Bürger (zum Teil auch die Verbände) kann gegen sie klagen. Das Gericht wird dabei ausschließlich den Inhalt der Entscheidung auf Übereinstimmung mit den gesetzlichen Regeln prüfen. Wenn das Gesetz der Verwaltung Ermessen bei seiner Entscheidung eingeräumt hat, wird es lediglich prüfen, ob die Grenzen dieses Ermessens eingehalten und nicht überschritten wurden. Die Gerichte können die Entscheidung nicht überprüfen, wenn sie gar nicht angerufen werden. Die Beteiligten können grundsätzlich einen Rechtsmittelverzicht vereinbaren. Ein solcher Rechtsmittelverzicht, der von den vom Verwaltungsakt belasteten Bürgern schriftlich erklärt werden muss, nachdem sie die Entscheidung vollständig kennen, kann auch ausgehandelt werden. Ein Rechtsmittelverzicht ist trotz der Rechtsweggarantie der Verfassung zulässig, wenn die Rechte des Nachbarn z. B. eines Bauprojekts nicht nachteilig geschmälert werden. Man wird allerdings verlangen müssen, dass der Rechtsmittelverzicht verbindlich erst nach Erlass des Verwaltungsakts ausgesprochen werden darf. Zwischen der Vereinbarung eines Verzichts und dem Erlass des Verwaltungsakts, der nicht angefochten werden soll, liegen ja noch Unwägbarkeiten durch die Letztentscheidungsbefugnis der Behörde.

III. Was die Verfassung zum Verhandeln sagt

Das **Demokratieprinzip** ist ein Grundpfeiler unserer Verfassung. »Alle Staatsgewalt geht vom Volke aus« lautet Artikel 20 Absatz 2 Satz 1 des Grundgesetzes. Das heißt, die ganze Staatsgewalt, also auch die Exekutive, leitet sich vom Bürgerwillen ab. Das bedeutet zwar nicht, dass sich jede einzelne Verwaltungsentscheidung unmittelbar von den Bürgern her gesehen legitimieren muss, es bedeutet aber umgekehrt, dass die Verwaltung gut daran tut, die Legitimation der betroffenen Bürger durch deren Mitwirkung einzuholen. Die Verwaltung kann durch unmittelbare Einbeziehung des Bürgers die staatlichen Ziele verdeutlichen und die Menschen für die Mitarbeit bei den behördlichen Aufgaben gewinnen. Dies kann die häufig beklagte »Staatsverdrossenheit« mindern und die Bürger stärker für die Demokratie gewinnen. Gerade bei Großvorhaben, wieder sei an den Stuttgarter Tiefbahnhof erinnert, treffen menschliche Emotionen aufeinander, die von staatlicher Seite als wichtiger Faktor einkalkuliert werden müssen. Aus dem Gefühl der Machtlosigkeit gegenüber staatlichen Plänen resultiert schnell Widerstand, der jedoch in positive Energie umgewandelt werden kann, wenn die Verwaltung dem Bürger Teilhabemöglichkeiten bietet. Demokratie ist nach dem Grundgesetz ein Ordnungsprinzip, das die Legislative und ihr Verhältnis zu den Bürgern betrifft. Die Legitimationskette zwischen Volk und Behörden(mitarbeitern) ist deshalb dünn. Gleichwohl ist das Verwaltungsverfahren als solches der Demokratieidee aufgeschlossen. Partizipation fließt aus der Idee der Volkssouveränität, auch wenn Partizipation im Gegensatz zur reinen Demokratie keine Letztentscheidungsbefugnis der Bürger bedeutet.

Das **Rechtstaatsprinzip** wird aus Art. 20 Absatz 3 des Grundgesetzes abgeleitet und beinhaltet mehrere Elemente. Hierzu gehört vor allem die Gewaltenteilung, der Vorrang und der Vorbehalt des Gesetzes, die Rechtsweggarantie und die Bindung der Exekutive an die Grundrechte.

Mit der **Gewaltenteilung** ist die Verhinderung unerwünschter Machtkonzentration und die Teilhabe vieler an der Macht verbunden. Die Gewaltenteilung nach dem Grundgesetz verpflichtet die Exekutive dazu, die Gesetze auszuführen. Das heißt, der größte Handlungsspielraum des Staates liegt auf Seiten des Gesetzgebers, aber dieser formuliert – demokratisch legitimiert – auch flexible Handlungsanweisungen an die Verwaltung, insbesondere durch die Einräumung von Verwaltungs-Ermessen und die Formulierung unbestimmter Rechtsbegriffe, die die Verwaltung im Einzelfall auslegt. Neben diesem Spielraum, der Gesetzesinterpretation sind der Exekutive mit der Kompetenz zum Erlass von Rechtsnormen (Rechtsverordnungen und Satzungen) weitere Gestaltungsspielräume eröffnet, die nicht mit der Gewaltenteilung kollidieren. Die Verordnungsermächtigung, vgl. hierzu Artikel 80 Grundgesetz, ermöglicht es der die Exekutive Rechtsverordnungen zu erlassen, wenn deren Inhalt, Zweck und Ausmaß in einem Gesetz bestimmt werden. So wird die Legislative ermuntert, der Verwaltung Detailregelungen außerhalb des Wesentlichkeitskernes zu überlassen. Dabei darf die Verwaltung zweifellos Sachverständige und Bürger einbinden.

Der **Gesetzesvorrang** statuiert das Prinzip, dass alle wesentlichen staatlichen Entscheidungen durch den Gesetzgeber und nicht durch die Exekutive zu treffen sind. Die Verwaltung ist, wenn sie selbst Rechtsnormen erlässt, auf die Details, die der gesetzlichen Rahmenvorgabe noch fehlen, beschränkt. Nur innerhalb dieses Rahmens besteht der Spielraum der Verwaltung, den sie mit der Beteiligung der Bürger füllen darf. Dies wurde besonders augenfällig bei den sogenannten »Coronaverordnungen«, mit denen die Exekutive zahlreiche einschneidende Grundrechtsbeschränkungen formulierte und durchsetzte. Hier haben Kritiker zurecht unter Berufung auf den Gesetzesvorrang ein stärkeres Engagement der Parlamente gefordert. Angesichts des Umfangs der Krise, des hohen Risikos des Virus und des enormen Zeitdrucks wurde von den (Verfassungs-)Gerichten aber kaum bemängelt, dass die Regelungen der Rechtsverordnungen ein ausreichendes Ermächtigungsgesetz im Sinne von Artikel 80 Grundgesetz und die gründliche Beteiligung und Anhörung von Sachverständigen, Verbänden und Bürgern weitgehend vermissen ließen. Viele sind der Auffassung, dass die Krise die Stunde der Exekutive sei.

Der **Gesetzesvorbehalt** ist Bestandteil des Gesetzesvorrangs und meint, dass (zumindest) belastende Verwaltungsakte einer ausdrücklichen gesetzlichen Ermächtigung bedürfen. Auch begünstigende Verwaltungsakte werden ebenfalls dieser Forderung unterworfen, zumindest wenn eine Wechselwirkung zwischen der Leistung und dem Eingriff (in die Rechte anderer) besteht. Das bedeutet, dass der Inhalt von Verwaltungsakten (oder eines öffentlich-rechtlichen Vertrages) zwar mit dem Bürger ausgehandelt werden darf, aber keinesfalls den gesetzlichen (Ermessens-)Rahmen verlassen darf. Eine Verwaltung, die den Adressaten eines Verwaltungsakts als »Kunden« betrachtet, wird also durch den Gesetzesvorbehalt nicht daran gehindert, durch die Beteiligung des Kunden an der Entscheidungsfindung die Akzeptanz der Entscheidung zu erhöhen.

Die Grundrechtsbindung der Verwaltung, insbesondere der **Gleichheitsgrundsatz** des Artikels 3 des Grundgesetzes verpflichtet die Exekutive alle Bürger gleich zu behandeln. Entsprechend der großen Bedeutung des Gleichheitsgrundsatzes hat die Rechtsprechung den Grundsatz der »Selbstbindung der Verwaltung« geprägt. Nach diesem Grundsatz bindet sich die Verwaltung bei regelmäßiger Ermessensausübung in vergleichbaren Fällen durch diese Verwaltungspraxis selbst. Damit wird der Ermessensspielraum eingeschränkt. Die Verwaltung muss einen aktuellen Fall genauso entscheiden, wie sie einen gleichen Fall in der Vergangenheit entschieden hat. Bei vergleichbaren Sachverhalten darf deshalb die Verwaltung, auch wenn sie die Betroffenen im Verwaltungsverfahren beteiligt, einem Vorhabensträger nicht etwas geben, was sie einem anderen verweigert (hat). Der Gleichheitssatz gilt auch für das Verwaltungsverfahren. Verwaltungsverfahren dienen dem Schutz der Betroffenen. Wenn die Verwaltung also in einem Verfahren die Betroffenen im Sinne von Verhandlungen beteiligt, muss sie dies auch in anderen vergleichbaren Verfahren tun.

Die **Rechtsweggarantie** des Artikels 19 Absatz 4 Grundgesetz gibt dem Bürger die Garantie, Grundrechte auch gerichtlich durchsetzen zu können und Verwaltungsentscheidungen vor Gericht angreifen zu können. Auch durch Verhandlungen geformte Verwaltungsakte darf der Bürger deshalb vom Gericht überprüfen lassen. Häufig wird mit solchen Verwaltungsakten aber ein Rechtsmittelverzicht des Bürgers verbunden werden. Ein solcher Rechtsmittelverzicht ist wirksam und läuft der Rechtsweggarantie nicht zuwider. Der Rechtsmittelverzicht kann vertraglich vereinbart werden und dokumentiert das Funktionieren der Rechtsweggarantie. Nur wer aufgrund des Verhandlungsergebnisses mit der Verwaltung seine Interessen gewahrt sieht, wird auf Rechtsmittel verzichten. Er konnte sich sorglos auf Verhandlungen einlassen, denn er wusste ja, dass die Verwaltung ihn nicht übervorteilen oder seine Rechte verletzen darf, weil die Verfassung ihm Rechtsschutz gewährt.

IV. Potenzial verhandlungsbereiter Bürger?

Die Demokratie zeichnet sich durch zahlreiche demokratische Institutionen und Verfahren aus. Primär sind dies die Parlamente, die die Bürger repräsentieren. Die grundlegende Idee der Demokratie ist das Machtmonopol der Bürger, die sich nicht immer durch gewählte Parlamentarier vertreten lassen müssen, sondern sich auch unmittelbar an öffentlichen Angelegenheiten beteiligen können. Verwaltungshandeln genießt meist eine besondere öffentliche Aufmerksamkeit und hat so fast immer auch eine politische Dimension. Die Bürger haben an zahlreichen Verwaltungsentscheidungen ein unmittelbares wirtschaftliches, politisches oder ideelles Interesse. Gerade Bürgerinitiativen, Vereine oder Verbände wollen angesichts dieses Interesses ideeller, wirtschaftlicher oder politischer Natur an Verwaltungsentscheidungen mit politischer Dimension beteiligt werden. Dieses Potenzial kritischer Bürger, wirkt nicht immer repräsentativ im Sinne eines demokratischen Ganzen. Es hat manchmal auch eine negative Komponente, weil es zum Beispiel Widerstand gegen die Verwaltung leistet oder öffentlich protestiert. Die Verwaltung sollte kritische Bürger positiv sehen, weil diese gesamtgesellschaftliche Interessen artikulieren können. Problematisch ist, ob solche bürgerschaftlichen Bewegungen repräsentativ sind oder (nur) ihre individuellen Interessen durchsetzen wollen. Ob das Potenzial der kritischen Bürger deshalb ausreichend für eine demokratische Entscheidung ist, kann manchmal fraglich sein. Das Land Baden-Württemberg hat dieses Problem erkannt und deshalb mit seinem Beteiligungsgesetz den »Zufallsbürger« als repräsentativer als Bürgerinitiativen gesehen. Gleichwohl sind auch Bürgerinitiativen und Interessenverbände für eine gute Verwaltungsentscheidung und eine Bürgerbeteiligung positiv zu sehen. Einmal geschieht dies schon dadurch, dass die Verwaltung durch Interessenverbände und Bürgerinitiativen an spezielles Wissen kommt, das sie in ihre Entscheidung einbeziehen kann. Dies kann vor allem dann hilfreich sein, wenn bei zunehmend komplexer werdenden Entscheidungen die Informationsgrundlage für Verwaltungsentscheidungen durch Informationen von Seiten der Bürger verbessert werden können. Die sogenannte »Schwarmintelligenz« ist gefragt. Im Lager kritischer Bürger liegen demnach oft nutzbare Ressourcen. Bürger betrachten sich selbst auch nicht mehr als Untertanen, sondern sie wollen mündige Träger der öffentlichen Interessen und der staatlichen Ziele sein. Nutzt die Verwaltung dieses Potenzial nicht, bricht es sich oft in Protestaktionen und Rechtsbehelfen gegen Verwaltungsentscheidungen Bahn. Vorsicht geboten ist allerdings, wenn sich Verbände oder Bürgerinitiativen ideologisch auf Positionen festlegen, die keine gemeinsame Basis für eine Zusammenarbeit zulassen. Bürgerbeteiligung funktioniert nur dort, wo es Alternativen gibt. Wo es kein Ermessen, keine Spielräume, keine Abwägung, sondern nur alternativlose Sachzwänge gibt, macht Bürgerbeteiligung keinen Sinn.

Dritter Teil: (Ver-)Handlungs- und Entscheidungsspielräume der Verwaltung

Die Verwaltung ist die vollziehende Gewalt im demokratischen Rechtsstaat. Das heißt, sie wendet Gesetze an. Wenn sie bei der Gesetzesanwendung mit dem(n) Adressaten der Verwaltungsentscheidung verhandeln will, müssen – zumindest theoretisch – mehrere rechtmäßige Lösungsalternativen bei der Gesetzesanwendung möglich sein. Das Aushandeln des Ergebnisses der Verwaltungsentscheidung bedarf also eines inhaltlichen Freiraums der Verwaltung im Gesetzestext. Je mehr Details und Festlegungen ein Gesetz enthält, desto mehr treibt die Verwaltung reinen Gesetzesvollzug. Je weniger das Gesetz detailliert regelt, desto mehr Gestaltungscharakter hat das Verwaltungshandeln. Es gibt dabei unterschiedliche Bindungsgrade, von strikter Bindung bis zu gesetzesfreier Verwaltung. In vielen Bereichen ist die Tätigkeit der Verwaltung nicht umfassend festgelegt, so dass das Recht konkretisiert werden muss. Man spricht bei der Rechtskonkretisierung von Verwaltungsermessen und meint damit einen Spielraum, bei dem die Verwaltung die Letztentscheidungskompetenz hat. Der Spielraum schafft eine doppelte Freiheit: Gegenüber dem Gesetzgeber, weil nicht alles bis aufs »i-Tüpfelchen« geregelt ist und gegenüber der Rechtsprechung, die diese Ermessens-Entscheidungen nicht vollständig kontrollieren darf. Die einzelnen Ermessenskategorien und damit die Freiräume der Verwaltung sind nirgends abschließend definiert, sondern werden herkömmlich durch die Kontrolldichte der Gerichte bestimmt. Die Gerichte sollten keinesfalls die »Oberverwaltungsbehörde« spielen, aber sie dürfen natürlich auch nicht rechtswidriges Verwaltungshandeln dulden. Ermessen gibt es nur auf der Rechtsfolgenseite eines gesetzlichen Tatbestands. Es ist die Freiheit der Verwaltung sich bei Vorliegen des gesetzlichen Tatbestandes auf mehrere Weisen pflichtgemäß und rechtmäßig verhalten zu können. Solche Verwaltungsentscheidungen kommen immer in einem gewissen Verwaltungsverfahren zustande. Das Verwaltungsverfahrensgesetz hält, wie bereits erwähnt, Handlungsformen und -weisen der Verwaltung bereit, ohne hierfür ausdrücklich abschließend zu wirken. Neben dem ausdrücklich geregelten Verwaltungsakt – auch in seinen Formen der Allgemeinverfügung, der Planfeststellung und dem öffentlich-rechtlichen Vertrag – kennt die Verwaltung auch Handlungsformen, die nicht im Verwaltungsverfahrensgesetz geregelt sind, wie das sogenannte »schlichte Verwaltungshandeln«, den Erlass von ermessensregelnden Verwaltungsvorschriften und die Normsetzung in Gestalt von Satzungen und Rechtsverordnungen.

Das Verwaltungsverfahrensgesetz trägt dem Umstand Rechnung, dass die Verwaltung oft inhaltliches Ermessen hat. § 40 VwVfG setzt Ermessen voraus und akzeptiert entsprechende exekutive Spielräume. Die Vorschrift zeigt, dass der Gesetzgeber bei allem bereits beschriebenen Perfektionsstreben in der pluralistischen Gesellschaft mit Individualisierungstendenzen längst nicht mehr alles detailliert-abschließend und für jeden Lebenssachverhalt gerecht steuern kann. Der Gesetzgeber trifft zwar nach dem Gewaltenteilungsprinzip alle wesentlichen und grundsätzlichen Entscheidungen, seinem Vollzugsorgan Verwaltung bleiben aber auch Handlungsspielräume. Diese sind an der Wortwahl »kann« oder »soll« oder »in der Regel« zu erkennen. Das gleiche gilt, wenn ein Gesetz beispielsweise die Erlaubnispflicht vorsieht, aber die Verwaltung zur Zulassung von Ausnahmen ermächtigt, ohne deren Voraussetzungen näher zu beschreiben. Die wissenschaftliche Theorie kennt neben dem Verwaltungsermessen auch die »gebundene Verwaltung«. Darunter ist Gesetzesvollzug ohne jeden Verwaltungsspielraum zu verstehen. In den Gesetzen findet sich dann ein »ist«, »muss« oder »hat zu«- die Verwaltung kann weder über das »ob« noch das »wie«

entscheiden. Als »gebundene Verwaltung« wird auch der Rechtsanspruch, etwa auf Erteilung einer Baugenehmigung bei Vorliegen der gesetzlichen Voraussetzungen eingeordnet (vgl. zum Beispiel § 58 Landesbauordnung: »Die Baugenehmigung ist zu erteilen, wenn dem genehmigungspflichtigen Vorhaben keine von der Baurechtsbehörde zu prüfenden öffentlich-rechtlichen Vorschriften entgegenstehen«). Gleichwohl kann die Verwaltung auch hier mit dem Adressaten ihrer gebundenen Entscheidung evtl. noch erfolgreich verhandeln. Der Bürger, der einen Anspruch auf eine Baugenehmigung hat wird vielleicht von einer strikten Position, wie etwa dem Anspruch, eine bestimmte Gebäudehöhe nach der Rechtslage verwirklichen zu können, freiwillig abrücken und die Gebäudehöhe reduzieren, wenn er dadurch eine (aussichtslose, aber zeitraubende) Nachbarklage verhindern kann. Er kann also, um Zeit und Geld zu gewinnen, auf eine Rechtsposition, verzichten, um eine Nachbarklage zu verhindern. Auch die Ausländerbehörde kann bei einer Ausweisung unter Umständen auf die nachfolgende zwangsweise Abschiebung verzichten, wenn der Ausländer (mit Behördenunterstützung) freiwillig (zu einem vereinbarten Zeitpunkt) ausreist. Ein langwieriges, kostspieliges Abschiebeverfahren, das vielleicht am Ende erfolglos ist, weil der Ausländer untertaucht, kann durch Überzeugung und Verhandlung vermieden werden, wenn die Verwaltung mit dem Ausländer kommuniziert und Konsens erzielt.

Zweifellos noch größere Handlungsspielräume und Verhandlungsmöglichkeiten bieten sich der Verwaltung im planerischen Gestaltungsbereich, bei dem der Gesetzgeber – wie etwa im Naturschutz – allgemeine Ziele vorgibt, die die Verwaltung realisieren soll. Im § 1 des Bundesnaturschutzgesetzes heißt es etwa: »*Natur- und Landschaft sind auf Grund ihres eigenen Wertes und als Grundlage für Leben und Gesundheit der Menschen auch in Verantwortung für die künftigen Generationen im besiedelten und unbesiedelten Bereich nach Maßgabe der nachfolgenden Absätze so zu schützen, dass die biologische Vielfalt... auf Dauer gesichert...*«. Schließlich darf auch der Spielraum, den die Verwaltung bei der Auslegung sogenannter »unbestimmter Rechtsbegriffe« hat, nicht unterschätzt werden. Der unbestimmte Rechtsbegriff – als Gegensatz zum bestimmten Rechtsbegriff – hat die Grenzen dort, wo nach allgemein durchschnittlicher Auffassung die Zielrichtung des Begriffes eindeutig getroffen oder eindeutig nicht getroffen ist. Dazwischen liegt Spielraum. Nach der wissenschaftlichen Theorie gibt es hierbei zwar nur eine richtige Auslegung, die von den Gerichten voll überprüfbar ist, aber in der Praxis muss die Verwaltung den »unbestimmten« und damit auslegungsbedürftigen Rechtsbegriff, wie etwa die »Zuverlässigkeit« eines Menschen anhand der Zielsetzungen des Gesetzes im Einzelfall praktisch konkretisieren. § 35 der Gewerbeordnung verlangt etwa von der Behörde, die Ausübung eines Gewerbes zu untersagen, wenn Tatsachen vorliegen, die die »*Unzuverlässigkeit des Gewerbetreibenden*« dartun. Die Rechtsprechung anerkennt deshalb zumindest für »wertende« mit einer »subjektiven, situationsgebundenen Komponente« verbundenen Entscheidungen, wie die Beurteilung eines Menschen, zum Beispiel bei einer mündlichen Prüfung einen ausdrücklichen »Beurteilungsspielraum«. Für die Verwaltung ist die Rechtsanwendung ein Durchgangsstadium für die gute Erfüllung ihrer Aufgaben. Dieses Wesen der Verantwortung der Verwaltung für das allgemeine Wohl respektieren die Verwaltungsgerichte bei der Rechtskontrolle unbestimmter Rechtsbegriffe regelmäßig. In der Gesetzesdogmatik sind oft auch Ermessen und unbestimmter Rechtsbegriff verknüpft, wenn es etwa in einem Steuergesetz heißt, im Einzelfall »kann« – Ermessen – eine Steuer erlassen werden, wenn es »unbillig« – unbestimmter Rechtsbegriff – wäre, sie zu erheben. Hier ragt nach der Rechtsprechung des Bundesfinanzhofes etwa das Ermessen in den unbestimmten Rechtsbegriff hinein, so dass die Verwaltung auch bei der Auslegung des unbestimmten Rechtsbegriffes »unbillig« einen Spielraum habe. Letztlich geht es bei allen angeführten Beispielen um eine sachangemessene Ausfüllung eines Gesetzesfreiraums durch die Exekutive, die hierbei die Optimierung öffentlicher und individueller Interessen anstreben muss.

I. Ermessen

Die Lebenswirklichkeit ist vielfältig. Jeder einzelne Fall, der vor die Verwaltung kommt, bedarf einer individuellen Beurteilung. Der Gesetzgeber kann mit einem Gesetz nicht all die vielfältigen Fallgestaltungen des Lebens vorhersehen und regeln. Er muss und kann deshalb die Verwaltung ermächtigen, auf der Rechtsfolgenseite einer rechtlichen Regelung innerhalb eines gewissen Rahmens selbst zu entscheiden. Die vom Gesetzgeber an die Verwaltung abgetretene Befugnis, Ermessen auszuüben (Verwaltung »kann«, »darf«, »ist berechtigt«, »ist befugt«, »soll«, »in der Regel«) stattet die Verwaltung mit einem Ausgestaltungsspielraum bei der Gesetzesanwendung im Einzelfall aus. Die Verwaltung ist insoweit also kein stures Umsetzungsorgan, sondern hat vielmehr eine praktische gesetzesgestaltende Rolle im Einzelfall. Und gerade bei dieser Rechtskonkretisierung im Einzelfall vor Ort kann die Verwaltung vor dem Erlass eines Verwaltungsaktes mit dem potentiellen Adressaten des Verwaltungsakts (und eventuell Drittbetroffenen, wie etwa dem Nachbarn des Adressaten) den Inhalt des Verwaltungsaktes aushandeln. Das ist schon deshalb sinnvoll, weil es die Akzeptanz des Verwaltungsaktes entscheidend stärken kann. Natürlich ändert dies nichts an der Letztverantwortlichkeit der Verwaltung, aber beim Prozedere des Entstehens des Verwaltungsakts können Bürger beteiligt werden. Dabei muss die Verwaltung immer gesetzmäßig handeln. Eingriffe des Staates in Freiheit und Eigentum bedürfen einer gesetzlichen Grundlage. Es findet sich aber auch ein Bereich, in dem die Verwaltung – trotz aller Aktivitäten der Parlamente – verhältnismäßig frei agieren kann, etwa bei mancherlei Subventionen oder vor allem bei der kommunalen Selbstverwaltung. Hierbei handelt es sich nicht im engeren Sinne um Ermessen, sondern um den Bereich der letztlich gesetzesfreien Verwaltung.

Gesetzgeberisch eingeräumtes Ermessen ist Entschließungsermessen (ob die Verwaltung handeln will) und Auswahlermessen (wenn die

I. Ermessen

Verwaltung sich zum Handeln entschlossen hat, welche von mehreren möglichen Rechtsfolgen will sie wählen?). Die Letztentscheidungsbefugnis der Verwaltung im Ermessensbereich enthält gewissermaßen eine doppelte Freiheit: Die Verwaltung ist befreit vom Gesetzgeber, weil sie bei der Gesetzesanwendung einen Spielraum hat, und sie ist befreit von der Kontrolle durch die Rechtsprechung, die lediglich die Grenzen der Ermessensausübung, nicht aber deren Inhalt prüfen darf. Diese Freiheit ist allerdings wiederum durch (von der Rechtsprechung entwickelte) Handlungsschranken begrenzt. Die exekutive Aktivität wurde mit der Gewaltenteilung nach der historischen Phase des Absolutismus immer feiner definiert. Aus dem absoluten »L'Etat c'est moi« (» Der Staat bin ich«, Ludwig XIV, König von Frankreich 1655 vor dem Pariser Parlament) Herrschaftsanspruch des Monarchen wurden zunächst Straf- und Zivilrecht (als »Justizangelegenheiten«) ausgegliedert und später in der Geschichte wurde auch die Kompetenz des Monarchen für die »Regierungsangelegenheiten« (also das Verwaltungsrecht) durch die Mitwirkung der Volksvertretung eingeschränkt. Die Parlamente bemühten sich, die Verwaltung vermehrt an abstrakte Rechtsnormen zu binden. Hinzu kam noch später der Ausbau der Verwaltungsgerichtsbarkeit als Kontrollinstrument des Verwaltungshandelns. Mit Beginn des 20. Jahrhunderts gaben die Verwaltungsgerichte ihre Zurückhaltung bei der Überprüfung von bis dato »freiem Ermessen« auf und überprüften auf »Ermessensfehler«, insbesondere, wenn grundrechtlich garantierte Freiheiten durch Ermessen beschränkt werden konnten. Ermessen ist für den Bürger nämlich auch mit Rechtsunsicherheit verbunden. Die Entscheidung der Verwaltung ist allein durch die gesetzliche Regelung nicht vorhersehbar. Die verwaltungsgerichtliche Kontrolle hat ihrerseits Grenzen. Der Richter darf ausschließlich überprüfen, ob die Verwaltung bei ihrer Ermessensausübung Fehler gemacht hat. Er darf sein eigenes Ermessen nicht an die Stelle der Verwaltung setzen. Sonst wäre die Gewaltenteilung nicht mehr gewährleistet. Die Literatur und die Rechtsprechung haben im Laufe ihrer Entwicklung nachfolgende Ermessensregeln, die inzwischen allgemein anerkannt sind, entwickelt.

1. Ermessensfehlgebrauch

»Ermessensfehlgebrauch« liegt vor, wenn Zielvorgaben des Gesetzgebers von der Verwaltung nicht beachtet werden. Das heißt, dass eine Ermessensregelung im Gesetz von der Verwaltung für andere, als vom Gesetzgeber verfolgte Zwecke, interpretiert wird. Der Verwaltung kann auf diese Weise bei der Anwendung der Ermessensnorm also ein Fehler unterlaufen, wenn sie den Sinn und Zweck einer Rechtsnorm nicht richtig verstanden hat. Ein solcher Fehlgebrauch kann auch vorliegen, wenn die Behörde ohne nachvollziehbaren Grund völlig von ihrer bisherigen Verwaltungspraxis abweicht. Das Ermessen ist dann durch die sogenannte »Selbstbindung der Verwaltung« eingeengt. Weicht die Verwaltung von ihrer bisherigen Verwaltungspraxis oder sonst regelmäßig befolgten Verwaltungsvorschriften (»Richtlinien«) ab, ohne das Vorliegen von andersartigen Besonderheiten des aktuellen Falles zu begründen, wird dies von den Verwaltungsgerichten als Ermessensfehler gerügt werden.

2. Ermessensgebrauch bzw. Ermessensunterschreitung

Das Gebot des Ermessensgebrauchs verpflichtet die Behörde bei Ermessensregelungen im Gesetz sich aktiv mit der Frage auseinanderzusetzen, ob sie im konkreten Fall etwas unternimmt, oder nicht. Die Antwort kann durchaus lauten, nicht tätig zu werden, sie kann aber auch eine Handlungspflicht ergeben, weil Nichthandeln unverantwortlich wäre. Man spricht auch vom »Verbot des Ermessensmangels« oder dem »Ermessensnichtgebrauch«. Diese Fehler liegen vor, wenn die Behörde nicht bemerkt hat, dass sie im konkreten Fall Ermessen hat und sich gebunden glaubt.

I. Ermessen

3. Ermessensüberschreitung

Das Verbot der Ermessensüberschreitung zügelt die Verwaltung bei der Ermessensanwendung. Sie darf ihr Ermessen nur zur Realisierung des gesetzlich Vorgesehenen verwenden. Maßnahmen, die darüber hinaus gehen, sind unzulässig. Die Behörde darf keine Maßnahme wählen, die den Bürger in seinen Rechten, insbesondere seinen Grundrechten verletzt.

4. Ermessensreduzierung

Im Einzelfall können die Dinge auch so liegen, dass die Entscheidung sich auf eine einzige Möglichkeit verdichtet. Nur eine Entscheidung stellt damit eine richtige Ermessensausübung dar. Man spricht hierbei von der »Ermessensreduzierung auf Null«, was dem Bürger, der von der Ermessensentscheidung profitiert, praktisch einen Rechtsanspruch gibt, der auch eingeklagt werden kann.

5. Planungsermessen und Abwägungsgebot

Das staatliche Planungsbedürfnis, vor allem im Baurecht, lässt eine strikte Steuerung durch Gesetze nicht zu. Planung ohne Gestaltungsfreiheit funktioniert nicht. Planen ist Wollen, Erkennen, Bewerten. Hierbei braucht es einen ausgedehnten Spielraum der Verwaltung, wie sie schon im Begriff der »gemeindlichen Planungshoheit« im Baurecht zum Ausdruck kommt. In Gesetzen zur Planung im Rahmen öffentlicher Interessen stecken oft programmatische Zielbündel mit der Aufforderung zur Interessenabwägung. Die planerische Gestaltung durch die Verwaltung mit Abwägung aller berührten Interessen ist strukturell etwas anderes als das übliche Ermessen, weil sich hier oft eine Vielfalt völlig verschiedener planerischer Alternativen bietet. Die Verwaltung ist hier keine Vollzugsverwaltung, sondern eine planende Verwaltung. Das bedeutet weniger gesetzliche Vorgaben als bei der üblichen »Tatbestand-Rechtsfolge«-Struktur der Eingriffsverwaltung. Die Rechtsprechung und die Literatur haben hierzu eine »Planabwägungslehre«

entwickelt. Danach muss die Verwaltung – strukturell anders als bei der sonstigen Ermessensverwaltung – alle (widerstreitenden) Interessen der Allgemeinheit und der Individuen ausgleichen. Dazu muss sie die Interessen abwägen, indem sie diese prognostiziert, beurteilt, bewertet, gewichtet und so letztendlich präferiert oder zurückstellt.

6. Strikte Planungsleitsätze und Optimierungsgebote

Planungsleitsätze ergeben sich oft aus den Formulierungen von Fachplanungsgesetzen und sind zwingende Zulassungsvoraussetzungen, die keinen Raum für Abwägung lassen. Optimierungsgebote dagegen enthalten Zielvorgaben, die im Rahmen der Abwägung im Einzelfall zurücktreten können. Im Gesetz finden sich dann Formulierungen wie »Anforderungen«, »Bedürfnisse« oder »Belange«.

7. Planrechtfertigung

Ein (staatliches) Planvorhaben muss nicht nur abstrakt das Gemeinwohl fördern, sondern auch konkret notwendig sein. Das verlangt ein schlüssiges Konzept, das das gesetzgeberische Ziel verwirklicht. Und nach diesem Konzept muss das Vorhaben objektiv erforderlich sein und darf keine Nebenziele verfolgen, wie etwa die Schaffung von Arbeitsplätzen bei einer naturschutzrechtlichen Planung. Diese objektive Planerforderlichkeit im Hinblick auf fachgesetzliche Ziele räumt der Verwaltung keinen Spielraum ein. Die entsprechenden Erkenntnisse und Prognosen der Verwaltung sind von den Gerichten voll überprüfbar.

8. Abwägung

Die Planabwägungslehre verlangt von der Verwaltung, dass sie ihrer Abwägung vollständige, objektiv zutreffende und sorgfältig ermittelte Sachverhalte zugrunde legt. Mögliche Abwägungsfehler, die die Rechtsprechung rügen kann, sind der

- Abwägungsausfall, das
- Abwägungsdefizit, die
- Abwägungsfehleinschätzung und die
- Abwägungsdisproportionalität.

Ein möglicher Abwägungsfehler liegt bei »*Abwägungsausfall*« vor, wenn die Behörde in Wirklichkeit gar keine Abwägung vornimmt, oder wenn sachfremde Erwägungen, insbesondere rein politische Motive für die Entscheidung ausschlaggebend sind. Vom »*Abwägungsdefizit*« spricht man, wenn die Belange, die in die Abwägung hätten eingestellt werden müssen, tatsächlich nicht eingestellt wurden. In die Abwägung gehören alle Belange, die von der Planung berührt werden und auf die sich die Planung auswirkt. Das sind alle gewichtigen Belange, die von den Betroffenen zur Sprache gebracht werden oder die sich der Behörde aufdrängen. Stellt die Verwaltung also einen Belang nicht richtig oder vollständig ein, kann dies auch darauf beruhen, dass sie ihn übersehen oder nicht ausreichend untersucht hat. Hierbei gilt der Grundsatz der Problembewältigung. Das heißt, bei der Planabwägung sind alle Gesichtspunkte umfassend einzubeziehen, die zur Bewältigung der vom Planvorhaben aufgeworfenen Probleme eine Rolle spielen. So kann ein Abwägungsdefizit vorliegen, wenn beispielsweise die Behörde nicht erkannt hat, dass ein Gebäude nicht baufällig, wie von der Behörde angenommen, sondern frisch renoviert ist. Eine »*Abwägungsfehleinschätzung*« liegt vor, wenn die Bedeutung von Belangen verkannt wird. Einzelnen Belangen kann natürlich ein unterschiedlicher Stellenwert eingeräumt werden. Besonderes Gewicht haben etwa sogenannte »Optimierungsgebote«. Die Grenzen des planerischen Ermessens der Verwaltung sind allerdings nach der Rechtsprechung nur dann überschritten, wenn die vorgenommene Gewichtung zum objektiven Gewicht eines Belangs außer Verhältnis steht. Das ist der Fall, wenn die Behörde einem Tatsachenirrtum unterliegt, einen klaren Prognosefehler begeht oder einen nicht schutzwürdigen Belang in die Abwägung einstellt. Eine solche Fehleinschätzung liegt beispielsweise vor, wenn die Behörde fehlerhafte Lärmmessungen bei der Abwägung der Lärmimmissionen verwendet hat. Von »Abwägungsdisproportionalität« spricht man, wenn ein Ausgleich zwischen den Belangen vorgenommen wird, der zur objektiven Gewichtigkeit einzelner Belange außer Verhältnis steht. Das ist der Fall, wenn die Behörde etwa generell öffentliche Belange stärker gewichtet, als private Belange oder wenn sie den Grundsatz der geringstmöglichen Einschränkung entgegenstehender Belange missachtet. Eine Disproportionalität läge etwa vor, wenn der Lärmschutz zugunsten eines Friedhofes demjenigen zugunsten der Wohnbevölkerung vorgezogen wird.

Das alles klingt, als habe die Verwaltung nur einen sehr geringen Spielraum bei der Planabwägung und die Rechtsprechung könne hier weitgehend die Verwaltungsentscheidungen überprüfen. Das ist aber in der Praxis nicht der Fall. Trotz der fein ziselierten rechtlichen Abwägungsregeln hat die Verwaltung eher einen weiten Spielraum. Exakt quantifizierbare Belange sind in der Realität nur selten vorhanden, so dass die Gerichte in der Praxis eher eine Evidenzkontrolle wahrnehmen, indem sie die Begründungen der Verwaltung zu ihren Abwägungsentscheidungen auf Nachvollziehbarkeit überprüfen. Aus der Abwägungslehre folgt vor allem, dass die Verwaltung alle Belange kennen muss. Daraus ergibt sich fast schon zwingend, dass sie die Betroffenen einbeziehen muss, um von ihnen Belange, Gewichtigkeit und Argumente zu erfahren. Die Betroffenenbeteiligung ist deshalb ein entscheidendes Merkmal von Verwaltungsverfahren mit Planungsermessen, namentlich bei Planfeststellungen. Mit deren sogenannter »Konzentrationswirkung«, die alle notwendigen behördlichen Entscheidungen zusammenfasst, ist gewährleistet, dass unterschiedlichste und oft divergierende fachliche Interessen, wie etwa Landwirtschaft und Naturschutz einbezogen werden. Bürgerbeteiligung und Verhandlungen finden hier also ein weites Spielfeld.

9. Abschlussermessen – in welcher (vertraglichen) Form entscheidet die Verwaltung?

Der in den §§ 54 ff. des Verwaltungsverfahrensgesetzes vorgesehene öffentlich-rechtliche Vertrag trägt der Idee der Kooperation und der Verhandlung von Staat und Bürger ausdrücklich Rechnung. Der Bürger wird bei einem Vertragsschluss ja nicht als hoheitsunterworfen und schwächer betrachtet, sondern als gleichrangig und an der gemeinsamen Entscheidungsfindung beteiligt. Obwohl nach wie vor der Verwaltungsakt die häufigste Form des Verwaltungshandelns darstellt, gewinnt man den Eindruck, als nehme die Bedeutung des öffentlich-rechtlichen Vertrags zu, weil er die Effizienz des Verwaltungshandelns steigern kann. Außerdem kann der öffentlich-rechtliche Vertrag vor allem auch atypische Fallkonstellationen besser regeln als der starre Verwaltungsakt. Seine Stärke ist, dass er zu rechtlich verbindlichen Lösungen in Kooperation mit allen Betroffenen führt. Das Ergebnis eines öffentlich-rechtlichen Vertrags ist nicht mehr ohne Weiteres gerichtlich anfechtbar und – dank der Vollstreckungsklausel in § 61 des Verwaltungsverfahrensgesetzes – auch einfach um- und durchsetzbar.

Der öffentlich-rechtliche Vertrag bietet sich mit seiner Flexibilität vor allem dort an, wo der Gesetzgeber der Verwaltung kein Konditionalprogramm: »Wenn der Tatbestand (a) erfüllt ist, muss/soll/kann die Rechtsfolge (b) eintreten« vorschreibt, sondern der Exekutive Zweck-Programme oder Ziele vorgibt »Der Zweck (c) soll erreicht werden«. Der Vorteil des öffentlichen Vertrags liegt auch darin, dass die Verwaltung ihn in allen Rechtsgebieten anwenden kann – es bedarf keiner ausdrücklichen fachgesetzlichen Zulassung. Sie muss lediglich sogenanntes »Abschlussermessen« anwenden, das heißt prüfen, ob sie in der konkreten Situation sinnvollerweise einen öffentlich-rechtlichen Vertrag abschließen will oder nicht. Vertragspartner ist der Bürger. Bei einer Vielzahl Betroffener kann die Verwaltung grundsätzlich auch nur mit den Bürgern öffentlich-rechtliche Verträge abschließen, die dazu bereit sind.

(Ver-)Handlungs- und Entscheidungsspielräume der Verwaltung

Ein öffentlich-rechtlicher Vertrag darf natürlich nur geschlossen werden, wenn Rechtsvorschriften nicht entgegenstehen. Dies bestimmt ausdrücklich § 54 Satz 1 des Verwaltungsverfahrensgesetzes. Dieses Verbot bezieht sich aber nur auf Rechtsnormen, die die Handlungsform des Vertrages ausdrücklich ausschließen, wenn also das Gesetz zum Ausdruck bringt, dass der potentielle Vertragsgegenstand keinesfalls durch Vertrag geregelt werden darf. Allein dadurch, dass der Gesetzgeber etwa den Begriff »Bescheid« verwendet, wird der öffentlich-rechtliche Vertrag nicht verhindert. Dies folgt schon daraus, dass die Verwaltung einen öffentlich-rechtlichen Vertrag schließen kann, anstatt einen Verwaltungsakt zu erlassen. Dort, wo die Verwaltung regelmäßig Verwaltungsakte erlässt, ist der Vorteil des öffentlich-rechtlichen Vertrags nicht allzu groß schließlich kann die Verwaltung – in komplexen Angelegenheiten – auch deren Inhalt aushandeln. Die Grenzen des zulässigen Vertragsinhalts folgen aus dem Grundsatz der Gesetzmäßigkeit der Verwaltung. Das ist der Grundsatz der höherrangigen Verfassungsvorschrift des Art. 20 Absatz 3 Grundgesetz. Für den Inhalt der Verträge nach § 54 Verwaltungsverfahrensgesetz gilt daneben auch der Grundsatz des Vorrangs des Gesetzes. Das heißt, der Gesetzgeber muss für grundlegende Lebensbereiche alle wesentlichen Entscheidungen selbst treffen – die Exekutive kann also in öffentlich-rechtlichen Verträgen keine Dinge regeln, die auf Grund ihrer Bedeutung für die Gesellschaft dem Gesetzgeber selbst vorbehalten sind.

Es bleibt die Frage, ob durch Vertrag Regelungen getroffen werden dürfen, die durch einen Verwaltungsakt wegen des Vorbehalts der Gesetze nicht geregelt werden könnten. Der Vorbehalt der Gesetze meint, dass in Bürger(grund)rechte nur aufgrund eines Gesetzes eingegriffen werden darf. Finden sich Verwaltung und Bürger aber freiwillig als Vertragspartner, darf der Bürger aber natürlich auf seine Individualrechte verzichten, er bindet sich ja selbst und macht dadurch von seiner Freiheit Gebrauch. Soweit ein öffentlich-rechtlicher Vertrag jedoch in Rechte Dritter eingreift, wird der Vertrag erst wirksam, wenn der Dritte zustimmt, vgl. § 58 Absatz 1 Verwaltungsverfahrensgesetz. So bedarf etwa ein Vertrag, der eine Baugenehmigung ersetzt der schriftlichen Zustimmung des Nachbarn. Das Koppelungsverbot der §§ 59 Absatz 1 und 59 Absatz 2 Nummer 4 des Verwaltungsverfahrensgesetzes begrenzt den potentiellen Inhalt öffentlich-rechtlicher Verträge.

Der öffentlich-rechtliche Vertrag eröffnet nach alledem der Verwaltung mit seiner Idee der Kooperation – trotz der aufgeführten Grenzen der Abschluss- und Inhaltsfreiheit – einen weiten Spielraum. Der Anwendungsbereich liegt insbesondere dort, wo die Exekutive nach Ermessen handeln kann. Hier kann in der mit dem Bürger ausgehandelten Vereinbarung das Ermessen besonders gut und differenziert realisiert werden.

II. Unbestimmte Rechtsbegriffe und technische Verwaltungsvorschriften

Verwaltungsrechtliche Gesetze werden vom Parlament klassischerweise oft nicht als endgültig fertige Gebilde erlassen, sondern sie sind mit der Verwendung »unbestimmter Rechtsbegriffe« zur behördlichen Konkretisierung gedacht. Die Auslegung unbestimmter Rechtsbegriffe ist – ähnlich wie die Ermessensverwaltung – die Rechtskonkretisierung durch die Exekutive (und die Gerichte). Die Anwendung unbestimmter Rechtsbegriffe verlangt meist eine Wertung oder Prognose. Zusätzliche Schwierigkeiten machen in der Praxis, die Kombination von Ermessen und unbestimmten Rechtsbegriffen in den Gesetzen. Die Rechtsprechung hält zwar die dogmatische Trennung von Ermessen und unbestimmtem Rechtsbegriff aufrecht, anerkennt aber bei drei Gruppen unbestimmter Rechtsbegriffe einen exekutiven Beurteilungsspielraum an, der nur eingeschränkt gerichtlich überprüfbar ist. Dies gilt für Beurteilungen im öffentlichen Dienstrecht, für Beurteilungen bei pädagogisch-wissenschaftlichen Entscheidungen (Prüfungen) und für wertende

Entscheidungen durch unabhängige und weisungsfreie Kollegialorgane (von Sachverständigen und Interessenvertretern). Hier gilt, dass die Gerichte nur prüfen, ob die Behörde den anzuwendenden Begriff und den gesetzlichen Rahmen erkannt, und den richtigen Sachverhalt zugrunde gelegt hat. Im Übrigen wird nur kontrolliert, ob allgemeingültige Werte und Maßstäbe beachtet wurden und keine sachfremden Erwägungen in die Entscheidung eingeflossen sind. Die Vorstellung, es gebe bei unbestimmten Rechtsbegriffen nur *eine* richtige Entscheidung ist eine Fiktion. Angesichts der Verantwortung, die die Exekutive in solchen Entscheidungssituationen oft trägt, man denke nur an das technische Sicherheitsrecht, zeigen die Gerichte damit auch, dass das fachlich für die Auslegung bestmöglich qualifizierte Staatsorgan die Exekutive ist. Diese haben die personellen Ressourcen an Fachleuten, über die das Gericht in der Regel nicht verfügt. Außerdem haben Bündelungsbehörden, wie etwa die Regierungspräsidien eine interne Diskussions- und Koordinierungskultur, die mit den einfließenden größtmöglichen Fachkenntnissen und divergierenden Auffassungen für ausgewogene Entscheidungen bürgt. Mit dieser Möglichkeit der behördlichen Konkretisierung von unbestimmten (offenen) Rechtsbegriffen im Sinne einer Letztentscheidung ist der Weg eröffnet für eine auch fachlich wünschenswerte Drittbeteiligung der (betroffenen) Bürger im Wege der Information, Beratung und Verhandlung.

Gerade im technischen Sicherheitsrecht, wo es um die Sicherheit von Straßen, Eisenbahnen, Kraftwerken und weitere potenziell gefährliche Anlagen und Einrichtungen geht, oder bei der Herstellung von potenziell gefährlichen Stoffen und Sachen wie Arzneimittel oder Kraftfahrzeuge finden sich zahlreiche unbestimmte Rechtsbegriffe in den Fachgesetzen. »Erforderlicher Schutz«, »Stand der Technik«, »Erkenntnisse der Wissenschaft« und ähnliche Begriffe finden sich dort. Aufgrund der Komplexität der Materie kann der Gesetzgeber gar nicht alle Einzelheiten im Gesetz regeln, zumal sich Technik und Wissenschaft laufend ändern. Hier hat die Verwaltung oft Verwaltungsvorschriften zur näheren Regelung erlassen, die nach der Rechtsprechung in »normkonkretisierend« und »norminterpretierend« zu unterscheiden sind. Die normkonkretisierenden Verwaltungsvorschriften binden auch die Gerichte weitgehend, weil hier zur Auslegung der unbestimmten technischen Rechtsbegriffe durch die Beteiligung von Sachverständigen aller verfügbarer Sachverstand in die Verwaltungsvorschrift eingeflossen ist.

1. Prognosen

Die Verwaltung arbeitet schwerpunktmäßig zukunftsorientiert. Sie muss vor allem zukünftige Entwicklungen, Bedürfnisse und Ereignisse im Blick haben, wenn sie ihre (planerischen) Entscheidungen trifft. Als weniger obrigkeitliche, sondern eher planende Verwaltung muss sie sich beispielsweise über die künftige Verkehrsentwicklung, die Schadensträchtigkeit oder das Verhalten einer Person in der Zukunft Gedanken machen. Zukunft kann immer nur mit Prognosen erfasst werden, es geht um Wahrscheinlichkeiten. Es gibt deshalb keine Richtigkeitskriterien, sondern nur Sorgfaltsmaßstäbe. Die Richtigkeit erweist sich erst in der Zukunft. Prognostiziert werden muss die Entwicklung von Personen, Sachen, Situationen und Prozessen. Die Anwendung von Rechtsnormen erfordert häufig Prognosen. Damit überträgt der Gesetzgeber der Verwaltung die Prognosebefugnis und die Prognoseverantwortung. Prognosen sind keine Spekulationen, sondern sie fußen auf Wissen über Gesetzmäßigkeiten und allgemeinen oder speziellen Erfahrungen. Auch hier hat die Verwaltung also wieder einen Spielraum, in dem sie eine wertende Auswahl zu treffen hat.

Trotz ihrer Unsicherheiten sind auch Verwaltungsprognosen verwaltungsgerichtlicher Nachprüfung unterworfen. In der Rechtsprechung ist dabei zunehmend eine administrative Entscheidungsprärogative (Vorrang der Verwaltungsentscheidung) anerkannt. Das Gericht wird bei Prognosekontrollen das ordnungsgemäße Zustandekommen der Prognose überprüfen, vor allem, ob mit der notwendigen Sorgfalt alle objektiv zutreffenden Fakten, Daten und Erfahrungen zugrunde gelegt wurden. Auch die Frage, ob die Wahrscheinlichkeit des Eintreffens der Prognose schlüssig und widerspruchsfrei, vor allem nicht sachfremd-willkürlich bewertet und schlüssig begründet wurde, kann vom Gericht überprüft werden. Das Ergebnis der Prognose ist als solches wohl nicht kontrollierbar, es sei denn, es sei evident falsch. Rechtmäßig sind demnach Prognosen unter Anerkennung eines Prognosespielraums der Verwaltung dann, wenn sie unter Berücksichtigung aller denkbaren künftigen Geschehensabläufe auf Tatsachen aufbauen und alle verfügbaren Daten methodisch einwandfrei in die insgesamt vertretbare Entscheidung eingeflossen sind.

Ein Problem der verwaltungsgerichtlichen Kontrolle von Prognoseentscheidungen kann der Zeitablauf zwischen Erstellung der Prognose und der Überprüfung durch die Gerichte am Ende des Instanzenzugs sein. Möglicherweise hat sich zwischenzeitlich herausgestellt, dass es eine Fehlprognose war. Im Grundsatz darf dies der Verwaltung nicht vorgeworfen werden, wenn sie bei der Prognoseentscheidung keine Fehler begangen hat.

2. Normgebung und Erlass von Verwaltungsvorschriften

Ein wichtiges Instrument der Exekutive ist die eigene Rechtsetzung in Form von Rechtsverordnungen und Satzungen. Dabei kann die Verwaltung innerhalb eines gesetzlichen Rahmens selbstbestimmt Regelungen mit Gesetzeskraft erlassen. Hier könnte man von »Normermessen« sprechen, obwohl dieser Begriff nicht sehr gängig ist. In den Corona-Jahren 2020/21 zum Beispiel hat die baden-württembergische Landesregierung eine große Anzahl von Verordnungen auf der Basis des Bundes-Seuchengesetzes erlassen. Diese Verordnungen griffen mit ihren Versammlungs- und Ausgangsverboten und der Schließung von Läden, Gaststätten, Theatern und vielen anderen Einrichtungen tief in die Grundrechte der Menschen ein. Hier stellte sich innerhalb der Frage nach dem Norm-Ermessens-Spielraum auch das Problem der (aus-

II. Unbestimmte Rechtsbegriffe und technische Verwaltungsvorschriften

reichenden Bestimmtheit) der Ermächtigungsnorm, hier des Bundes-Seuchengesetzes im Sinne des Artikels 80 des Grundgesetzes – und damit auch die Frage der Kontrolldichte des Verwaltungsgerichtshofs bei der gerichtlichen Normenkontrolle auf Bürgerantrag nach § 47 Verwaltungsgerichtsordnung. Die Verwaltung stellt innerhalb der verfassungsmäßigen Ordnung eine eigenständige Staatsgewalt dar. Es steht ihr deshalb zu, auch außerhalb des Gesetzesvollzugs öffentliche Aufgaben zu erledigen und politische und humane Entscheidungen für das Gemeinwohl zu treffen. Dies zeigte sich zum Beispiel als die im Grundgesetz nicht vorgesehene Ministerpräsidentenkonferenz zusammen mit der Kanzlerin und sachverständigen Virologen über Coronamaßnahmen beriet und entschied. Ebenso als die Kanzlerin im Herbst 2015 entschied, Flüchtlinge aus Ungarn – entgegen dem Regelwerk der Europäischen Union, namentlich der Dublin III Verordnung – in die Bundesrepublik einreisen und hier ihr Asylverfahren durchführen zu lassen. Dies gilt auch für politische Aktivitäten aufgrund sozialer Gegebenheiten. Die Verwaltung war beispielsweise bei der Flüchtlingsunterbringung weitgehend frei, diese im Rahmen des Gemeinwohls bestmöglich zu gestalten. Diese Freiheit ist gerechtfertigt durch den speziellen Sachverstand der Verwaltung sowie deren Spezialisierung, der Ausbildung ihres Personals und den der Verwaltung zur Verfügung gestellten Verfahren und Instrumenten. Zu letzteren gehört auch die Beteiligung der Bürger an solchen Entscheidungen außerhalb konkreter gesetzlicher Vorschriften. Verwaltungshandeln ist politisches Handeln. Dies spielt sich zwar im Rahmen der letztentscheidenden Parlamente ab, bedingt aber die Freiheit, jeweils zweckmäßig, verhältnismäßig, sachgerecht, wirtschaftlich, human und moralisch zu entscheiden und zu handeln. Diese Freiheit ist verfassungsrechtlich auch deshalb zu verantworten, weil die Regierung dem Parlament gegenüber verantwortlich und in ihrem Bestand von ihm abhängig ist. Und die Regierung ist weisungsbefugt gegenüber der gesamten Verwaltung. Diese ist demnach mittelbar demokratisch legitimiert. Hinzu kommt, dass Verwaltungsentscheidungen teilweise auch pluralistisch zusammengesetzten unabhängigen Sachverständigengremien (beratend) überlassen sind, wie zum Beispiel dem Sachverständigenrat Migration, der Bundesprüfstelle für jugendgefährdende Schriften oder der Ständigen Impfkommission. Schließlich ist die Rechtfertigung für solche Freiheiten der Verwaltung vor allem auch im freiwilligen – der Verwaltungsentscheidung vorgeschalteten – Bürgerdialog zu sehen. Natürlich garantiert der Bürgerdialog nicht, dass alle Interessen diskutiert und erwogen werden. Aber die Partizipation verbreitert auf jeden Fall die Informationsbasis und verbessert die Entscheidungsqualität.

Nicht nur bei Ermessen und unbestimmten Rechtsbegriffen in den Gesetzen zur Lösung eines konkreten Einzelfalles, sondern auch beim Erlass von Satzungen und Rechtsverordnungen bestehen definitiv Spielräume, deren Grenzen nicht eindeutig definiert sind, wie bei Ermessensfehlern im klassischen Verwaltungsfahren, das zum Verwaltungsakt (oder öffentlich-rechtlichen-Vertrag) führt. Satzungen sind Rechtsnormen, die von Selbstverwaltungskörperschaften, vor allem von Kommunen, aber auch von den Kammern der Berufsgruppen wie Industrie- und Handelskammer oder Ärztekammer als rechtlich selbständige, in den Staat eingegliederte Körperschaften erlassen werden. Die Ermächtigung dazu beruht auf staatlicher Delegation. Sie werden in aller Regel von demokratisch gewählten Organen der Körperschaft beschlossen. Beim Erlass von Satzungen herrscht nach allgemeiner Meinung eine große Gestaltungsfreiheit. Abgesehen von den Grenzen, die der Aufgaben- und Zuständigkeitsbereich der Selbstverwaltungskörperschaft setzt, gibt es einen weiten inhaltlichen Spielraum. Der Satzungsgeber handelt nicht – wie bei der Rechtsverordnung – in Delegation staatlicher Gesetzgebungsbefugnis sondern er handelt voll selbstverantwortlich anstelle des Parlaments. Es gibt keinen engen Rahmen, wie ihn Artikel 80 Absatz 2 Satz 1 Grundgesetz für die Rechtsverordnung setzt. Die Anbindung an demokratische Elemente ergibt sich durch die Satzungskompetenz bei Gemeinderat, Kreisrat oder der

II. Unbestimmte Rechtsbegriffe und technische Verwaltungsvorschriften

Verbandsversammlung bei Kammern. Bei Rechtsverordnungen der Exekutive dagegen ist Artikel 80 Absatz 1 Satz 2 des Grundgesetzes zu beachten. Er zieht der Verwaltung Grenzen, weil »Inhalt, Zweck und Ausmaß« der Verordnung durch das Parlament vorfestgelegt werden müssen. Das Parlament soll seine Verantwortung nicht ganz an die Exekutive abgeben können – ein Eindruck der zeitweise allerdings in der Corona-Zeit entstand, als sich die Parlamente zurückhielten und die Regierungen nahezu allein den Inhalt von Corona-Verordnungen auf einer dünnen Ermächtigungsgrundlage des Bundes-Seuchengesetzes bestimmten.

Aus dem Gesetz muss nach der Regelung des Artikels 80 Absatz 1 Grundgesetz für den Bürger und die Verwaltung klar ersichtlich sein, in welchen Fällen und mit welcher Tendenz eine Verordnung erlassen werden kann. Dies hat das Bundesverfassungsgericht sehr früh und immer wieder betont. Das Ermessen erstreckt sich dabei aber – innerhalb des Rahmens des Artikels 80 Absatz 1 Satz 2 Grundgesetz auf das »ob« und »wie« der Rechtsverordnung. Dafür gilt eine politische Gestaltungsfreiheit, die über das sonstige Verwaltungsermessen hinausgeht. Die Gerichte überprüfen im Prinzip nur, ob verfassungsrechtliche Prinzipien, insbesondere Grundrechte und vor allem der Grundsatz der Verhältnismäßigkeit eingehalten werden. So hat das auch der baden-württembergische Verwaltungsgerichtshof bei angefochtenen Corona-Verordnungen gemacht. Gleichwohl gibt es natürlich einen größeren Spielraum, das ist ja der Sinn der Verordnung, mit der das Parlament seine Aufgabenfülle des Normierungsbedarfs von Details abgeben kann. In Verhandlungen mit den Normadressaten kann die Exekutive diesen Spielraum ermitteln und nutzen. Gerade im Naturschutz- und Wasserrecht oder beim Erlass technischer Verordnungen kann die Exekutive mit den betroffenen Kreisen und Verbänden, etwa Landwirten und Naturschutz- oder Industrieverbänden die jeweilige Verordnung, die oft auch planenden Charakter hat, aushandeln. Die Verwaltung durchbricht mit der Ausnutzung und Aushandlung des Spielraums eigentlich das Gewaltenteilungsprinzip. Dies wird aber von der Verfassung ausdrücklich hingenommen, weil der Gesetzgeber so von Detailregelungen, örtlichen Besonderheiten und eilbedürftigen Regelungen entlastet wird. Verwaltungsvorschriften, die vor allem der generellen Auslegung unbestimmter Rechtsbegriffe oder der Erläuterung des Ermessens für die zahlreichen Behörden, die das Gesetz anwenden, dienen, sind dogmatisch keine Rechtsnormen. Die Gerichte sind deshalb bei ihrer Kontrollfunktion grundsätzlich nicht an Verwaltungsvorschriften gebunden. Gleichwohl entfalten Verwaltungsvorschriften eine gewisse – indirekte – Rechtswirkung für Behörden und Bürger. Unter Bezeichnungen wie »Richtlinie«, »Anleitung«, »Anweisung« oder »Erlass« enthalten sie ja Regeln für die Verwaltungspraxis. Auch hier ist ein großer Spielraum festzustellen, denn die Verwaltung braucht für Verwaltungsvorschriften – auch wenn sie manchmal in Gesetzen erwähnt werden – keine spezielle Ermächtigung wie sie Artikel 80 Grundgesetz für Rechtsverordnungen fordert. Die Ermächtigung folgt aus der hierarchisch strukturierten Form und Funktion der Exekutive. Auch hier können Verhandlungen mit den Betroffenen vor Erlass der Verwaltungsvorschriften, die die Exekutive intern binden und deshalb Grundzüge von Verwaltungsentscheidungen regeln, das Konfliktpotential bei der späteren Anwendung entschärfen. Dies gilt umso mehr, als die Gerichte Verwaltungsvorschriften teilweise auch als »normkonkretisierend« und damit sogar rechtsnormähnlich als auch extern bindend ansieht. Dies gilt etwa für technische Standards in Verwaltungsvorschriften.

3. Regierungsakte und freie Hoheitsakte

Regierungsakte sind politische Entscheidungen der exekutiven Staatsführung, die wegen ihres Inhalts allenfalls sehr eingeschränkt (wegen klarer Rechtsverstöße) gerichtlich kontrollierbar sind. Hierzu gehören beispielsweise Gnadenakte oder die Verleihung von Orden und Ehrenzeichen. Hier herrscht eine verhältnismäßig große Entscheidungsfreiheit, die über die Ermessensgrenzen hinausgeht. Die Anerkennung von

II. Unbestimmte Rechtsbegriffe und technische Verwaltungsvorschriften

Regierungsakten, die teilweise auch damit begründet wird, dass die Verwaltung – speziell in der Krise – eine gewisse Verfügungsbefugnis über staatliche Fragen hat, insbesondere, wenn sie unter Beteiligung von Sachverständigen beantwortet werden, zeigt einen weiteren Freiheitsraum der Verwaltung auf.

Vierter Teil: Verwaltungsverfahren für eine verhandelnde Verwaltung

Die Verhandlung mit Bürgern und Interessenverbänden ist im Verwaltungsverfahrensrecht nur selten ausdrücklich oder sinngemäß genannt. Das Verwaltungsverfahren umfasst alle Handlungen der Exekutive, die auf das Produkt, die Verwaltungsentscheidung als Rechtsakt, ausgerichtet sind. Allgemein ist das Verwaltungsverfahren dann wenig förmlich, wenn bindende Spezialvorschriften fehlen. Denn Verwaltungsverfahren dienen dazu, angemessene, sachlich richtige Entscheidungen zu treffen. Es ist immer richtig den »mündigen« Bürger in den Entscheidungsprozess einzubinden, weil ein Grundrechtsbezug vorliegt. Verwaltungsverantwortung ist auch Verfahrensverantwortung.

I. Verhandeln innerhalb allgemeiner Verwaltungsverfahren

1. Anhörungsgrundsatz

Die Einbeziehung der Bürger ist beim Erlass von Verwaltungsakten nicht nur zulässig, sondern sogar zwingend notwendig. § 28 Verwaltungsverfahrensgesetz verpflichtet die Verwaltung dazu, den betroffenen Bürger vor Erlass des Verwaltungsaktes (zumindest) anzuhören. Diese Anhörungspflicht hat rechtlich einen hohen Rang, sie resultiert aus dem Grundsatz der Achtung der Menschenwürde und dem Rechtstaatsprinzip, denn sie schützt den Bürger vor Überraschungsentscheidungen und fördert das Vertrauensverhältnis zwischen Staat und Bürger. Es geht darum, den Betroffenen so einzubeziehen, dass er seine

Interessen einbringen und auf eine (ihm akzeptable) Lösung einwirken kann. § 28 Verwaltungsverfahrensgesetz verpflichtet die Exekutive vor dem Erlass des Verwaltungsakts die Äußerungen der Beteiligten zur Kenntnis zu nehmen und sie ernsthaft in Erwägung zu ziehen. Das Anhörungsrecht ist damit ein echtes Beteiligungsrecht. Das in einem demokratischen Staat erforderliche Vertrauensverhältnis zwischen Bürger und Verwaltung wird am besten gefördert, wenn die Verwaltung die beteiligten Bürger zum Engagement ermuntert und aktiv Konsensgespräche anbietet.

2. Beteiligungsgrundsatz

Der Beteiligungsgrundsatz in § 13 Verwaltungsverfahrensgesetz normiert ausdrücklich Partizipation. Nach dieser Vorschrift kann die Behörde von Amts wegen oder auf Antrag diejenigen, deren rechtliche Interessen durch den Ausgang des Verfahrens berührt werden können, als Beteiligte hinzuziehen. Hier findet sich der Beweis, dass das Verwaltungsverfahren auf einen Abstimmungsprozess mit dem (betroffenen) Bürger abzielt. Der Bürger ist formeller Beteiligter mit inhaltlicher Rechtsposition. Es geht also darum, gemeinsame Lösungen zu suchen und im Miteinander des Verwaltungsverfahrens Gegensätze abzubauen.

3. Beratungsgrundsatz

Auch aus § 25 Verwaltungsverfahrensgesetz ist eine Aufforderung an die Behörde zu kooperativer Verhaltensweise zu entnehmen. Die Versorgung des Antragstellers mit Hinweisen und Informationen im Dialog enthält eine gewisse Fürsorgepflicht. Der Beamte ist nicht nur Diener des Staates, sondern auch Helfer des Bürgers im Dialog. Vor allem der 2013 eingeführte § 25 Absatz 3 Verwaltungsverfahrensgesetz (für größere Vorhaben) zeigt, wie wichtig der Gesetzgeber die Verhandlung und die Beteiligung der Betroffenen und der Öffentlichkeit nimmt. Die sogenannte frühe Öffentlichkeitsbeteiligung durch den Vorhabensträger ermöglicht es, frühzeitig, das heißt noch vor Stellung eines offiziellen Antrags an die Genehmigungsbehörde, über die Ziele und die voraussichtlichen Auswirkungen des Vorhabens zu informieren. Der betroffenen Öffentlichkeit soll Gelegenheit zur Äußerung und Erörterung gegeben werden.

4. Grundsatz der Nichtförmlichkeit

Das Verwaltungsverfahren ist gemäß § 10 des Verwaltungsverfahrensgesetzes ohne Beachtung besonderer Förmlichkeiten (soweit diese nicht in speziellen Gesetzen vorgeschrieben sind) zweckmäßig und zügig durchzuführen. Die Behörde kann selbst bestimmen, welches das bestgeeignete Verfahren ist. Die Vorschrift ist eine Absage an vorgezeichnete Verfahrensbahnen. »Zügiges« und »Zweckmäßiges« Verwaltungsverfahren (wie es § 10 Verwaltungsverfahrensgesetz fordert) heißt für die Verwaltung optimale Zielerreichung und damit auch optimale Interessensberücksichtigung. Das ist die Einladung zur Durchführung eines informellen und kooperativen Verfahrens. § 10 des Verwaltungsverfahrensgesetzes bestätigt, dass kein Numerus Clausus für Handlungsformen der Verwaltung existiert und die Behörde deshalb die zweckmäßigste Handlungsform auswählen darf, gleichgültig, ob das Ergebnis des Verfahrens ein Verwaltungsakt oder ein öffentlich-rechtlicher Vertrag ist. Natürlich kann die Verwaltung auch »rein formal-juristisch« Fälle entscheiden, aber der von der Praxis gewünschte Erfolg, etwa Sanierung einer genehmigungspflichtigen Anlage, wird nicht oder nur verzögert eintreten, wenn der Adressat nicht zuvor in Sachverhaltsermittlung und mit Verhandlungen eingebunden wird, denn schließlich hat der Adressat des Verwaltungsakts die Möglichkeit des gerichtlichen Rechtsschutzes, der den Vollzug jahrelang verzögern oder gar verhindern kann. In solche Verhandlungen können neben dem Adressaten auch besorgte Nachbarn eingebunden werden, um deren Rechtsmittel zu verhindern und so eine für den Adressaten günstige Genehmigung zu erzielen. Der Betreiber einer immissionsschutzrechtlich genehmigungsbedürftigen Anlage könnte in solchen Verhandlungen etwa um des »Friedens willen« freiwillig schärfere Grenzwerte, als vom Gesetz gefordert akzeptieren, wenn die Nachbarn auf Widersprüche verzichten. Alle Beteiligten könnten dies in einem öffentlich-rechtlichen Vertrag verbindlich vereinbaren.

Auch im Bereich des Baurechts könnte bei absehbaren oder bereits schwelenden Konflikten die Ausgestaltung des Bauvorhabens einvernehmlich zwischen Behörde, Bauherrn und Nachbarn ausgehandelt werden. Eine dem Aushandlungsergebnis entsprechende nachfolgende Baugenehmigung würde Drittwidersprüchen und nachbarrechtlichen Streitigkeiten vorbeugen. Auch hier ist denkbar, dass der – teilweise – Verzicht des Bauherrn auf sein subjektives Recht im Sinne des Baugesetzes zur schnellen Verwirklichung des Vorhabens und zum Rechtsfrieden in der Nachbarschaft beiträgt. Auch wenn unstreitig ist, dass ein Grundstück – etwa in der Ortsmitte ohne Bebauungsplan – bebaubar ist, kann die konkrete Gestaltung des Gebäudes im Sinne des »Einfügens« gemäß § 34 BauGB, streitig und damit verhandelbar sein. Gerade beim Begriff des »Einfügens« können die Auffassungen von Bauherrn, Baubehörde und Nachbarschaft unterschiedlich sein. Oft streitet man vor allem über die optische Verträglichkeit des neuen Vorhabens mit dem Baubestand. Aber auch wenn ein Bebauungsplan vorliegt und das geplante Vorhaben dessen Festsetzung erfüllt, kann es im Interesse des nachbarlichen Rechtsfriedens sinnvoll sein, sich kooperativ zu verständigen. So könnte etwa die nicht vollständige Ausnutzung des Baufensters durch den Bauherrn in Richtung Nachbargrundstück durch die nachbarliche Akzeptanz einer Ausnahme oder Befreiung nach § 31 BauGB, etwa durch geringfügige Überschreitung der Gebäudehöhe, einvernehmlich kompensiert werden.

Die Verwaltung muss natürlich – bevor sie Zeit und Personal in Verhandlungen investiert – überlegen, ob Verhandlungen sinnvoll und erfolgversprechend sind. Das Risiko, dass einer der Beteiligten die Verhandlungen zum »Zeitschinden« benutzt, ist nicht zu unterschätzen.

5. Untersuchungsgrundsatz

Nach dem Untersuchungsgrundsatz ist es Aufgabe der Behörde, den für ihre Entscheidung maßgeblichen Sachverhalt aufzuklären. Der Untersuchungsgrundsatz, normiert in § 24 Absatz 1 des Verwaltungsverfahrensgesetzes, beherrscht jegliches Verwaltungsverfahren. Danach hat die Behörde alle vernünftigerweise auszuschöpfenden Möglichkeiten der Sachaufklärung zu nutzen, bevor sie ihre Entscheidung trifft. Je belastender eine Entscheidung für den Bürger wirkt, desto sicherer muss die Tatsachengrundlage sein. Diese Tatsachen sind von Amts wegen zu ermitteln. Damit ist die Behörde zwar die Herrin des Verfahrens, aber mit ihren Partizipationsrechten aus §§ 13 oder 28 Verwaltungsverfahrensgesetz können die Bürger bei der Untersuchung mitwirken und eigene Erkenntnisse einbringen, ohne dass die Behörde ihre Gesamtverantwortung aus der Hand gibt. Es ist der Behörde unbenommen, wie sie Ermittlungen führt. Sie kann alle Erkenntnisse heranziehen, die sie erlangen kann, also insbesondere auch Beteiligte einbeziehen, anhören und deren Sachverstand nutzen. Dies kann dazu dienen, dass die Behörde sich hinsichtlich des Sachverhalts eine solide Überzeugung bilden kann.

II. Die Handlungsformen der Verwaltung nach Verhandlungen mit dem Bürger

1. Öffentlich-rechtlicher Vertrag und ausgehandelter Verwaltungsakt

§ 54 des Verwaltungsverfahrensgesetzes weist der Verwaltung nicht nur den Verhandlungsweg, sondern enthält genau genommen auch einen gesetzgeberischen Verzicht auf zwingend hoheitliches Handeln der Exekutive. Besonders bemerkenswert an dieser Vorschrift ist nämlich, dass die Verwaltung auch einen Vertrag schließen kann, anstatt einen

Verwaltungsakt zu erlassen. Im Zuge des öffentlich-rechtlichen Vertrages wird der Bürger damit nicht mehr als bloßes »Verwaltungsobjekt«, sondern als Partner betrachtet. Gleichwohl sind die Grenzen der §§ 59 Absatz 2 und 56 Absatz 1 des Verwaltungsverfahrensgesetzes zu beachten. Der Gesetzgeber will damit verhindern, dass die Behörde ihre Machtstellung ausnutzt oder Hoheitsrechte »verkauft«.

Bei Ungewissheiten über den genauen Sachverhalt oder die Rechtslage bietet der Vergleichsvertrag, den § 55 Verwaltungsverfahrensgesetz vorsieht, eine Chance, in Verhandlungen von bisher unverrückbar scheinenden Positionen abzurücken und die Unsicherheit zu überbrücken. Gleiches gilt, wenn Rechte Dritter, etwa der Nachbarn eines Bauvorhabens, im Raume stehen. Durch die Einbeziehung des Dritten in den Vertragsschluss werden Konflikte, die sonst oft erst später vor Gericht ausgetragen werden, frühzeitig geklärt. Der öffentlich-rechtliche Vertrag hat vor allem den Vorzug, transparent und verbindlich zu sein. Die Verwaltung kennt auch sogenannte informelle Absprachen oder »Gentlemen-Agreements«. Diese finden außerhalb des formalen Verwaltungsverfahrens statt und sind Ergebnis vielfältiger Kontakte zwischen Verwaltung und Vorhabensträger. Solche Absprachen bleiben konspirativ, beteiligen nicht alle Betroffenen und werden nicht schriftlich festgehalten. Sie sind also nicht rechtlich verbindlich, entfalten aber eine faktische Bindung. Der öffentlich-rechtliche Vertrag bietet in voller Offenheit auch die Möglichkeit, rechtswidrige Zustände – zumindest zeitweise – zu dulden und einvernehmlich – schrittweise – zu beseitigen. Mit einem Verwaltungsakt ist dies sehr viel schwieriger zu bewerkstelligen. Angesichts des Verhältnismäßigkeitsgrundsatzes kann es durchaus geboten sein, rechtswidrige Zustände nicht sofort hoheitlich zu unterbinden. Die schrittweise Herstellung rechtmäßiger Zustände durch öffentlich-rechtlichen Vertrag kann ein verwaltungstaktisch sinnvolles Instrument sein, um etwa drohenden »Volkszorn« zu besänftigen, wenn es zahlreiche Betroffene gibt, etwa bei im Außenbereich baurechtswidrig errichteten Gartenhäusern. So hatte beispielsweise eine

Bestandsaufnahme des Regierungspräsidiums Stuttgart in den 1980er Jahren ergeben, dass ca. 50.000 Gartenhäuser im Großraum Stuttgart illegal errichtet worden waren. Das Regierungspräsidium unter dem legendären Regierungspräsidenten Bulling sah angesichts dieser großen Zahl damals davon ab, alle mit Beseitigungsverfügungen zu überziehen. Vielmehr versuchte man, häufig auch durch öffentlich-rechtliche Verträge mit vorübergehender Duldung und Vereinbarung des späteren Abbruchs samt Unterwerfung unter die sofortige Vollstreckung, langfristig rechtmäßige Zustände zu schaffen. Auch die Verkleinerung durch Rückbau, die Beseitigung von Fenstern, Zäunen oder Terrassen wurde durch öffentlich-rechtliche Verträge mit den Eigentümern geregelt.

Der öffentlich-rechtliche Vertrag bietet der Verwaltung und den Betroffenen also ein hohes Maß an Flexibilität. Öffentlich-rechtliche Verträge sind auch gut geeignet (etwa beim Vollzug neuer umweltrechtlicher Normen) beim Betreten von technischem Neuland beispielsweise die Sanierung einer immissionsschutzrechtlich relevanten Anlage flexibel zu steuern. Auch schwierige Zielkonflikte vielschichtiger Projekte wie beispielsweise der Bau einer neuen Eisenbahntrasse, bei welcher das Projekt nur durch gemeinsames, teilweise voneinander abhängiges Tätigwerden anderer Parteien realisiert werden kann, ist ein öffentlich-rechtlicher Vertrag oft vorteilhaft. Der öffentlich-rechtliche Vertrag kann hier die Pflichten der einzelnen Parteien im Detail am besten regeln. Wie sollen all die Fragen, wer für welche Planung und Genehmigung zuständig ist und wer welche Kosten, auch zukünftige, zu tragen hat, in einen Verwaltungsakt gepackt werden, wenn es – wie oft bei solchen Vorhaben – um viele Beteiligte geht. Die Grenzen der Flexibilität finden sich erst dort, wo ausdrückliche Nichtigkeitsgründe greifen, vgl. § 59 Verwaltungsverfahrensgesetz.

Für Verhandlungen und öffentlich-rechtliche Verträge eignen sich häufig Fälle aus dem Baurecht. Zahllose Fragestellungen, wie Baugenehmigung, Nachbareinwendungen, Baulasten, Denkmalschutz oder Wärmedämmung und Solaranlagen auf dem Dach lassen sich in Ver-

II. Die Handlungsformen der Verwaltung nach Verhandlungen mit dem Bürger

handlungen, die den Kompromiss zulassen, vertraglich regeln. Das klassische Verwaltungsverfahren kostet hier meistens mehr Zeit und Nerven, wie nachfolgendes Beispiel verdeutlichen soll. Klassisch beantragt der Bauherr eine Baugenehmigung. Er ist von seinem vom Architekten detailscharf durchgeplanten Vorhaben voll überzeugt und hofft auf schnellstmögliche Genehmigung. Die Genehmigungsbehörde fühlt sich von dieser Überzeugung und Erwartungshaltung möglicherweise unter Druck gesetzt vielleicht eher zurückhaltend und sucht nicht selten nach Problemen statt nach Lösungen. Der Konflikt zwischen Bauherrn und Baubehörde ist dann vorprogrammiert und artet nicht selten in Streit aus. Jetzt geht es ums Rechthaben und im Zweifel beauftragt der Bauherr einen fachlich versierten Rechtsanwalt. Dieser wird zunächst mit der Hilfe rechtlicher und technischer Argumente versuchen, die Behörde zu überzeugen, das Vorhaben so, wie beantragt zu genehmigen. Das Recht fragt jedoch ausschließlich danach, ob ein Rechtsanspruch auf Baugenehmigung nach dem Gesetz besteht, oder nicht. Ist die Behörde trotz der Argumente des Rechtsanwalts der Auffassung, irgendein Detail des Genehmigungsantrags entspreche nicht dem Gesetz, wird sie einen ablehnenden Bescheid erlassen. Jetzt kann der Bauherr über seinen Rechtsanwalt Widerspruch einlegen, der beim Regierungspräsidium landet. Ein gutes Regierungspräsidium wird im Widerspruchsverfahren versuchen, einen Vergleich zwischen Bauherrn und Baubehörde durch einen Kompromissvorschlag zu ermöglichen. Gelingt dies aus irgendwelchen Gründen nicht, gibt es gegen den – ablehnenden – Widerspruchsbescheid schließlich die Klage beim Verwaltungsgericht. Auch das Verwaltungsgericht wird vernünftigerweise versuchen, einen Kompromiss in Form eines Vergleichs zu erzielen. Warum nicht gleich auf der ersten Ebene so?

Voraussetzung ist aber die frühe Gesprächsbereitschaft beider Seiten. Wenn die Verwaltung meint, sie habe das Recht auf ihrer Seite und brauche sich mit den Argumenten und Interessen und Beschwerden des Bauherrn gar nicht befassen, funktioniert das nicht. Und das Bild von der Obrigkeit und das Gefühl, ausgeliefert zu sein, muss aus den Köpfen der Bürger verschwinden. Deshalb ist die vielbeschworene Kommunikation auf Augenhöhe so wichtig. Der Streit kann sich natürlich auch zwischen Bauherrn, Nachbarn und Baurechtsbehörde entzünden. Oft geht es um Abstandsflächen, Nutzungsarten, Zufahrten, Brand- oder Denkmalschutz. Hier gilt es in der Kommunikation der (mindestens) drei Beteiligten, oft aber auch unter Hinzuziehung weiterer Experten, wenn es etwa um Brandschutz geht, die Interessen herauszuarbeiten und nach dem Motto Geben und Nehmen auf einen Kompromiss hin zu verhandeln. Es bedarf also guten Willens auf allen drei Seiten. Ein Kompromiss könnte beispielsweise so aussehen, dass der Bauherr auf eine gewisse Nutzungsart (etwa gewerbliche Nutzung) verzichtet und der Nachbar unter Beachtung des Brandschutzes mit einer Reduzierung von Abstandsflächen einverstanden ist. All dies lässt sich vertraglich fixieren und öffentlich- oder zivilrechtlich (etwa durch Baulasten oder Dienstbarkeiten) absichern. Wer ein Haus baut, wird von der Öffentlichkeit beobachtet. Wenn Konflikte erst in diesem Zeitpunkt auftreten, ist es oft zu spät für eine einvernehmliche Lösung mit den Nachbarn. Sinnvoll ist es deshalb, wenn der Bauherr oder Investor bereits vor Abschluss seiner Planung mit der Genehmigungsbehörde und den Nachbarn in Kontakt tritt in der Absicht, Konflikte gar nicht erst entstehen zu lassen. Hier kann ausreichend früh versucht werden, das Spannungsfeld von Investor, Nachbarn, Stadtplanung auszuloten und den Spielraum, den Planer und Genehmigungsbehörde haben, zu nutzen. Dies gilt insbesondere, wenn ein Vorhaben sich mangels Bebauungsplan nach »*Art und Maß der baulichen Nutzung, der Bauweise und der Grundstücksfläche, die überbaut werden soll, in die Eigenart der näheren Umgebung einfügen*« muss, vgl. § 34 Abs. l Baugesetzbuch. So entsteht gar nicht erst das Bild von der sturen Verwaltung und dem gewinnsüchtigen Investor. Auch ein bestehender Bebauungsplan lässt Spielraum, das Gesetz lässt grundsätzlich auch Befreiungen und Ausnahmen von seinen Festsetzungen zu. Auch hier sind Verhandlungen zulässig.

2. Widerspruchsverfahren mit Vergleich statt Widerspruchsbescheid

Das Widerspruchsverfahren nach den §§ 68 ff. Verwaltungsgerichtsordnung ist das der gerichtlichen Auseinandersetzung vorgelagerte verwaltungsinterne Verfahren zur Überprüfung von ergangenen Verwaltungsakten. Es dient der Selbstkontrolle der Verwaltung, dem Rechtsschutz des Bürgers und der Entlastung der Gerichte. Für den durch den Verwaltungsakt belasteten Bürger bietet das Widerspruchsverfahren die Möglichkeit, (nochmal) seine Argumente vorzutragen, oder (etwa als belasteter Baunachbar) die Einwendungen und Interessen gegen den (einen Dritten begünstigenden) Verwaltungsakt vorzubringen. Meist wird im Widerspruchsverfahren die nächsthöhere Verwaltungsbehörde (im Baurecht zum Beispiel das Regierungspräsidium) für eine neue Entscheidung – oder die Bestätigung des ergangenen Verwaltungsaktes der Ausgangsbehörde – zuständig. Mit ihrer Distanz zur Ausgangsbehörde und zum Sachverhalt kann die nächsthöhere Behörde die Möglichkeit nutzen, zwischen Ausgangsbehörde und Widerspruchsführer sowie weiteren Beteiligten (Bauherr, Gemeinde, sonstige Betroffene) ausgleichend zu vermitteln. Ihr Ziel muss es sein, eine kooperative Konfliktlösung unter Einbeziehung aller rechtlichen und tatsächlichen Aspekte anzustreben, um die Gerichte wirklich zu entlasten. Dies gilt in erster Linie bei Ermessens-Verwaltungsakten. Hier hat die Widerspruchsbehörde auch einen deutlich größeren Spielraum als das Verwaltungsgericht. Sie soll und kann auch die »Zweckmäßigkeit« des Verwaltungsaktes prüfen, während das Gericht nur dessen Rechtmäßigkeit (im Urteil) überprüfen darf, auch wenn Gerichte in der Regel ebenso erst einmal eine gütliche Erledigung – durch Vergleich – anstreben.

Widerspruchsverfahren sind oft der Ausdruck von Konflikten zwischen Nachbarn und Konkurrenten. Im Bau-, Immissionsschutz-, Wasser- oder Wirtschaftsrecht erlässt die Verwaltung oft begünstigende Verwaltungsakte, die einen Nachbarn oder Konkurrenten beschweren oder subjektiv belasten. Dies motiviert dann zur Einlegung des Widerspruchs. Zur Schaffung des Rechtsfriedens sind hier vermittelnde Verhandlungen der – neutralen – Widerspruchsbehörde mit dem Vorschlag von Vergleichsregelungen bestens geeignet. Hier könnte auch wieder ein öffentlich-rechtlicher (Vergleichs-)Vertrag im Sinne des § 55 Verwaltungsverfahrensgesetz geschlossen werden.

3. Erlass von Rechtsnormen und Verwaltungsvorschriften unter Experten- und Interessentenbeteiligung

Bei (von der Verwaltung) zu erlassenden Rechtsnormen, in erster Linie Rechtsverordnungen, sehen die hierzu ermächtigenden Gesetze oft die Anhörung von Verbänden, Sachverständigen oder »beteiligten Kreisen« (vgl. beispielsweise § 5l BImSchG) vor. Es ist deshalb üblich, dass unterschiedlichste Interessenvereinigungen beteiligt werden. Beim Erlass kommunaler Satzungen, wie etwa dem Bebauungsplan gibt es neben der vorgeschriebenen Beteiligung der »Träger öffentlicher Belange« nach § 4 BauGB auch eine ausführlich gesetzlich geregelte Öffentlichkeitsbeteiligung gemäß § 3 BauGB. Diese Regeln zeigen, dass es sinnvoll ist, wenn die ansonsten zur autoritären Rechtsetzung befugte Exekutive als Normgeber sich bemüht, die Erkenntnisse und Interessen der künftigen Normadressaten zu berücksichtigen. Oft fehlen für den Erlass von Rechtsnormen durch die Verwaltung aber solche gesetzlich vorgesehenen Beteiligungen. Und manchmal kommen solche Beteiligungen auch zu spät, weil die Vorarbeiten für die Rechtsnorm (planerischer Natur) schon zu weit fortgeschritten sind. In diesen Fällen empfinden die Bürger die Beteiligung als mangelhaft. Die Ziele der Beteiligung bei der Normgebung, nämlich Transparenz und Akzeptanz zu verbessern, werden dann oft nicht ausreichend erreicht. Es ist deshalb sinnvoll, die Beteiligten, also die Verwaltung und Vertreter potentieller Normadressaten frühestmöglich zusammenzubringen und den Inhalt der Norm zu besprechen, zu diskutieren und bestmöglich auszuhandeln. Optimal ist es, die Interessenvertreter von Anfang an bei der Formulierung der Normen zu beteiligen. So kann ein von allen gemeinsam abgestimmter Normentwurf entstehen. Dies ist nicht einfach, weil die Interessen, etwa der Landwirtschaft und des Umweltschutzes gegenläufig sein können. Aber auch hier können zumindest Teile geeint werden, andere bleiben eben offen, wenn ein Dissens nicht überbrückbar ist. Scheitern diese Bemühungen (teilweise), kann die Verwaltung kraft ihrer Normkompetenz immer noch einseitig das von ihr als richtig Empfundene verbindlich verabschieden. Auf jeden Fall wächst die Chance, dauerhafte Zufriedenheit mit der Rechtsnorm zu erzielen, wenn alle bereits im Stadium der Texterstellung beteiligt werden.

Die Regierung von Baden-Württemberg hat bei der Ausweisung des ersten Biosphärengebiets im Land die Biosphärenverordnung nicht einfach autoritär erlassen. Das Regierungspräsidium Tübingen, mit dem Entwurf des Verordnungstextes beauftragt, hat vielmehr – sozusagen mit einem weißen Blatt beginnend – die Verordnung gemeinsam mit den interessierten Bürgern der Schwäbischen Alb erarbeitet. Es gab dazu eine große Versammlung in einer Halle in Münsingen, wo der Text der Verordnung diskutiert und Satz für Satz weitgehend einvernehmlich formuliert wurde. So fand (fast) alles Eingang, was den Bürgern wichtig war, und die Naturschutzseite konnte ihre Regelungen und Ziele Satz für Satz erklären. Schließlich wurde der Verordnungsentwurf von der Versammlung mehrheitlich gebilligt und so schließlich auch vom Land erlassen. »Unsere Verordnung« konnten die Bürger mit Fug und Recht behaupten.

Ähnliches gilt für kommunale Satzungen. In welcher Weise etwa die Benutzung öffentlicher Einrichtungen der Kommunen durch Satzung geregelt wird, interessiert nämlich nicht nur den Gemeinderat als Normgeber, sondern auch die Bürger, für die die öffentliche Einrichtung, sei es eine Schwimmhalle, ein Spielplatz oder eine Kindertagesstätte zur Benutzung bereitgestellt wird. Erst recht gilt dies für den Bebauungsplan, der als Satzung erlassen wird und zuweilen zahlreiche gegensätzliche konfliktträchtige Interessen in Einklang zu bringen hat.

4. Planfeststellungsverfahren

Das Planfeststellungsverfahren zielt darauf ab, ein Vorhaben, wie zum Beispiel die Herstellung einer Straße, die Gestaltung eines Gewässers oder den Bau einer Eisenbahnlinie mit unmittelbarer Rechtswirkung für alle Betroffenen verbindlich zu gestalten und in die Umwelt einzufügen. Beim Planfeststellungsverfahren, generell geregelt in §§ 72 ff. des Verwaltungsverfahrensgesetzes, geht es also um die verbindlichen Regelungen für ein bestimmtes größeres Vorhaben. Entsprechend der vom Vorhabensträger vorgelegten detaillierten Pläne werden alle betroffenen Rechtsverhältnisse durch einen abschließenden Verwaltungsakt fixiert. Dieser Verwaltungsakt umfasst oft ein ganzes Bündel an sonst erforderlichen Einzelgenehmigungen (Konzentrationswirkung der Planfeststellung). Mit dem Planfeststellungsakt werden auch Unterlassungsansprüche nach bürgerlichem Recht ausgeschlossen (Privatrechtsgestaltende Wirkung der Planfeststellung). Bei der Erarbeitung des Planfeststellungsbeschlusses ist der Spielraum der Verwaltung, was die Gestaltung des Verfahrens angeht, verhältnismäßig groß. Angesichts der vielfältigen tangierten Belange oft zahlreicher vom Vorhaben Betroffener bieten sich Verhandlungen ganz besonders an, um die regelmäßig auftauchenden Konflikte zu lösen. Verhandlungen bringen aber nur dann einen zusätzlichen Vorteil gegenüber den bereits gesetzlich vorgesehenen Beteiligungsschritten, wenn es Kompromiss-Möglichkeiten und Planungsalternativen gibt. Der Konflikt darf also kein ideologischer Wertestreit sein, sondern es muss ein Interessenskonflikt vorliegen.

Nach den Erfahrungen mit Stuttgart 21 wurde 2013 in § 25 VwVfG der Absatz 3 eingefügt, der die Verpflichtung der zuständigen Behörde schafft, bereits vor der Antragstellung durch den Projektträger auf eine frühe Beteiligung der Öffentlichkeit hinzuwirken. Sie soll alle Personen einbeziehen, deren Belange durch das geplante Vorhaben berührt werden können. Damit ist der Kreis der Beteiligten weiter gezogen als der Kreis der Beteiligten im formalen Planfeststellungsverfahren. Es geht

II. Die Handlungsformen der Verwaltung nach Verhandlungen mit dem Bürger

darum, möglichst breit zu informieren und möglichst vielen die Gelegenheit zur Äußerung zu geben. Diese frühe Öffentlichkeitsbeteiligung kostet Zeit, aber diese Zeit kann sich lohnen, wenn hier schon viele Probleme und Konflikte abgeräumt werden und das anschließende Planfeststellungsverfahren dann zügiger abgewickelt werden kann.

Am Anfang der meisten Planfeststellungsverfahren steht oft die Frage nach dem Standort des Vorhabens oder der Linienführung in der Landschaft. Oft gibt es hier Blockaden, weil sich Antragsteller oder Betroffene schon früh auf reine Rechtspositionen zurückziehen und alternative Standortthemen dann kaum noch eine Rolle spielen. Meist ist es so, dass die Mehrheit der Bevölkerung (Autofahrer, Müllproduzenten) von einer Umgehungsstraße oder Müllverbrennungsanlage profitiert, aber eine kleine Zahl von Menschen (die unmittelbaren Anlieger und Nachbarn der Umgehungsstraße oder Müllverbrennungsanlage) »leidet«. Sie leiden durch Lärm, Immissionen und die Wertminderung ihrer Grundstücke. Solche Blockaden sind durch Verhandlungen nur dann auflösbar, wenn neben dem Kreativitätspotential der Verhandelnden auch realisierbare Alternativen und Varianten oder echte Kompensationen für Wertminderungen, Beeinträchtigungen und Risiken denkbar sind. Ohne die Einbindung der potentiell Betroffenen in die Standortsuche und Linienwahl kommt es mit Sicherheit leichter zur Blockade und damit oft zur Verhinderung oder Verzögerung des Vorhabens anstatt der möglichen Modifizierung oder alternativen Standortwahl. Deshalb enthält das klassische Planfeststellungsverfahren als Kern der Bürgerbeteiligung bereits das sogenannte »Anhörungsverfahren«. Es liegt zeitlich zwischen der Planerarbeitung und der Planfeststellung. Die Beteiligung ist zweigeteilt. Zunächst werden Behörden und Verbände angesprochen, um Sachverstand und Erfahrungswissen in die Planfeststellung einzubringen. Gleichzeitig werden damit die Pläne unterschiedlicher Behörden, wie zum Beispiel Naturschutz- und Straßenbaubehörden harmonisiert und abgestimmt. Danach erfolgt die Möglichkeit für alle vom Vorhaben betroffene Bürger, ihre Stellungnahme abzugeben und alle ihre subjektiven, wirtschaftlichen, sozialen oder kulturellen Interessen vorzutragen. Dieses zweifache Anhörungsverfahren erfüllt mehrere Zwecke. Zum ersten dient es dem Vorbereitungszweck, weil es für die Entscheidungsfindung eine sachgerechte Grundlage schaffen kann. Zum zweiten dient es dem Rechtsschutzzweck, weil alle Betroffenen hier ihre Rechte einspeisen können. Zum dritten ist schließlich der Verständigungszweck besonders wichtig. Im Gedanken- und Informationsaustausch von Behörde, Vorhabensträger und Betroffenen kann auf allen Seiten Verständnis für die unterschiedlichen Interessen und Standpunkte geweckt und es können Lösungsvorschläge erarbeitet werden. Dieser Verständigungszweck ist mit dem sogenannten Erörterungstermin der Kern des Anhörungsverfahrens. Er dient im Idealfall dem persönlichen Gespräch, dem Informationsaustausch und dem Interessensausgleich. Dies gilt allerdings dann nicht, wenn die Erörterungsverhandlung von der Behörde als lästige Pflichtübung betrachtet wird, und die Betroffenen sie zur Demonstration ihrer Ablehnung machen. In der Praxis ist bisher trotz der guten Absicht des Gesetzgebers die Beteiligung der Bürger nicht besonders intensiv. Das liegt nicht nur am zeitlichen Limit der Erörterungsverhandlung, sondern oft auch an der defensiven Informationsweitergabe durch Vorhabensträger und Behörde. Ein echtes »Miteinander« kommt in der Erörterungsverhandlung in aller Regel nicht zustande. Eine weitere Ursache hierfür ist der Umstand, dass die Verwaltung den Erörterungstermin oft so spät im Laufe des Verfahrens ansetzt, dass schon gar nicht mehr über Varianten nachgedacht wird. Die innere Einstellung der Behörde und deren Wille zur konstruktiven Konfliktlösung mit Antragsteller, Betroffenen und Öffentlichkeit spielt ebenfalls eine große Rolle. Die ausschließlich anhörende und Einwendungen juristisch bescheidende Behörde ist jedenfalls nicht hilfreich für echte Konfliktbewältigung. Gefragt ist eine sich neutral verhaltende, vermittlungsbereite, geduldig moderierende Behörde. Ein guter und geduldiger behördlicher Verhandlungsleiter kann den Erörterungstermin auch zur echten Konfliktschlichtung nutzen. Die Möglichkeit, dass sich Befürworter und Gegner eines Projekts hier auf Augenhöhe begegnen, ist dem Verfahren durchaus immanent. Wenn beiden Seiten gleiche Chancen und Redezeiten eingeräumt werden, kann dies von allen als fair und als konstruktiv empfunden werden. Sollten wie so oft bei komplexen Vorhaben Prognosen über die Auswirkungen eines Projekts erforderlich sein, kann die Verwaltung durchaus beiden Seiten die Möglichkeit geben, Experten und Gutachter zu benennen. Ansonsten bleibt die Erörterung eine formale Prozedur, die nicht vor späteren Proteststürmen schützt.

Beim Vorhaben »Stuttgart 21« wurde dies deutlich: Trotz Einhaltung der juristischen Schritte im Planfeststellungsverfahren und der Erörterung wurde die massive Kritik der Betroffenen und der Öffentlichkeit dem Vorhabensträger und den Behörden erst klar, als der Planfeststellungsbeschluss mit dem Baubeginn umgesetzt werden sollte. Mutmaßlich hatten der späte Zeitpunkt der Erörterung, dessen Zeitdruck und dessen überwiegende politische Bühnenfunktion die Kritik nur an der Oberfläche erfasst und deren Intensität unterschätzt. Echte Verhandlungen mit den Betroffenen und echte Bürgerbeteiligung müssen deshalb bereits vor dem Erörterungstermin angesetzt werden. Dies bedeutet ja nicht, dass die Abwägungsentscheidung, die die Verwaltung im formalen Planfeststellungsverfahren treffen muss, oder die formale Erörterungsverhandlung entfielen – es bedeutet aber, dass die Verwaltung und der Vorhabensträger sehr früh die Positionen und die Kritik der Betroffenen und der Bürger kennen und Alternativen überlegen und diskutieren können. Ebenso können solche vorverlagerten Informations- und Einigungstreffen dazu dienen, dass der Vorhabensträger alle Argumente auf den Tisch legt, und dies nicht – wie bei Stuttgart 21 – erst viel zu spät im Rahmen einer nachgelagerten Schlichtung, wie durch Heiner Geißler, erfolgt.

5. Bauleitplanung

Eine weitgehende Form der Bürgerbeteiligung findet sich bei der kommunalen Bauleitplanung, wie sie bundesweit im Baugesetzbuch geregelt ist. Sie erfolgt in einem zweistufigen Verfahren durch einen Flächennutzungsplan für das gesamte Gemeindegebiet und den aus dem vorbereitenden Flächennutzungsplan entwickelten verbindlichen Bebauungsplänen für Teile der Gemeindefläche. Die Bebauungspläne werden als Satzung, also als verbindliche Rechtsnorm erlassen. Das Baugesetzbuch schreibt für die Bauleitplanung ein Mindestmaß an öffentlicher Beteiligung vor. Es gibt eine zweimalige formelle Beteiligung der Öffentlichkeit und der Träger öffentlicher Belange nach den §§ 3 und 4 BauGB. Natürlich sind zusätzliche informelle Bürgerbeteiligungen möglich und meist auch sinnvoll, um die Akzeptanz der Bauleitplanung zu erhöhen. Durch zusätzliche informelle Beteiligungsschritte, wie zum Beispiel eine »Planungswerkstatt« kann nämlich das Wissen und die lokale Kompetenz der Bürger in die Planung einfließen.

Die Planung bzw. deren Umsetzung hat für viele Bürger unmittelbare und spürbare Folgen für deren Umfeld und den Alltag. Genau deshalb wollen sich Bürger einbringen; sie wollen ihr Umfeld mitgestalten. Die Bürger wollen nicht einfach die Behörden und den Gemeinderat allein entscheiden lassen. Für Behörden und Gemeinderat ist es wiederum wichtig zu wissen, was die Bürger denken. Diese haben oft ganz andere Vorstellungen, Wünsche und Bedürfnisse – und oft auch sehr unterschiedliche. All dies und die oft hohen Fachkenntnisse der Bürger können die Planer inspirieren und neue Impulse in die Planung einbringen. Wenn sich in einer Planungswerkstatt beispielsweise Planer, Architekten, Gemeinderäte, Einzelhändler, Gewerbetreibende und Wohnanlieger treffen, werden potenzielle Konflikte früh deutlich und können bei geschickter Einbeziehung in die Planung vielleicht früh aufgelöst werden. Auf jeden Fall können alle von Anfang an »mitgenommen« werden und Eskalationen durch spätere Proteste, die verzögern oder verhindern, vermieden werden. Noch besser kann dies möglicherweise gelingen, wenn informell, bereits vor dem Aufstellungsbeschluss des Gemeinderats, städtebauliche Konzepte gemeinsam von Gemeinde und Bürgern diskutiert und erarbeitet werden. Dies kann für einzelne Straßen oder Wohngebiete, für Teilorte oder auch die gesamte Gemeinde geschehen. Diese im Dialog mit den Bürgern erarbeiteten Konzepte, Leitbilder, Rahmenpläne oder wie immer sie genannt werden, haben keine eigene Rechtswirkung, sind jedoch nach § 1 Absatz 6 Nr. 11 Baugesetzbuch bei der Aufstellung von Bauleitplänen zu berücksichtigen. Da bei den informellen Beteiligungen in aller Regel eine hohe Komplexität zu bewältigen ist, ist es sinnvoll hier auch gleich Fachplanungsbehörden aller Art mit einzubinden. Das schafft eine gemeinsame Wissensbasis und von Anfang an einen Dialog aller auf Augenhöhe. Das gegenseitige Vertrauen und die gegenseitige Anerkennung von Leistungen können so gestärkt werden. Bereits in dieser informellen Phase ist es wichtig, zu kommunizieren, welche Rolle die Bürger haben und welche Art von Mitwirkung möglich ist und wer die endgültigen Entscheidungen trifft. Geht es der Behörde nur ums Zuhören oder um echte Zusammenarbeit? Und wird der endgültige Entscheider, der Gemeinderat die Ergebnisse bei seiner Entscheidungsfindung auch berücksichtigen oder die Nichtberücksichtigung begründen? Das Instrument wird vom Gemeinderat ja »top-down« eingesetzt, deshalb muss klar sein, was damit bewirkt werden soll. Unter der Überschrift »Beteiligung der Öffentlichkeit« finden sich entsprechende Regelungen in den §§ 3 und 4a des Baugesetzbuches. Das ist aber nur die grobe Rahmenstruktur. Die Details müssen die planenden Kommunen vor Ort festlegen. Das Baugesetzbuch kennt in seinem § 3 Absatz 1 die »frühzeitige« Beteiligung der Öffentlichkeit zu Beginn der Planungsphase, in der über allgemeine Ziele und Zwecke der Planung und deren voraussichtlichen Auswirkungen zu informieren ist. Es soll aber auch »erörtert« werden, und zwar offen für jeden Bürger zu einem Zeitpunkt, zu dem die Planung noch nicht gefestigt ist und die Bürger die Möglichkeit zur echten Einflussnahme auf die Planung haben. Frühzeitig bedeutet, dass die Verwaltung gewisse Planungsvorstellungen und -schritte schon entwickelt hat. Nur so wird ein sinnvoller Dialog mit den Bürgern möglich sein. Keinesfalls darf aber die Planung soweit fortgeschritten sein, dass eine Mitwirkung der Bürger nur noch schwer möglich ist. Die frühzeitige Öffentlichkeitsbeteiligung sollte also unmittelbar nach dem Aufstellungsbeschluss des Gemeinderats erfolgen. Die Behörde hat dabei die Pflicht, die bisherigen Planungsüberlegungen in allgemein verständlicher Form darzulegen und diese Überlegungen Schritt für Schritt mit den Bürgern »durchzuarbeiten«. Die Bürger haben das Recht, sich zu jedem einzelnen Schritt zu äußern und auf diese Weise »Abwägungsmaterial« zu liefern, das von der Gemeinde in die gerechte Abwägung der unterschiedlichen Belange eingearbeitet wird, vgl. § 1 Absatz 7 Baugesetzbuch. Dieser Dialog mit den Bürgern wird sinnvollerweise in einer öffentlichen Bürgerversammlung durchgeführt. Dieser Dialog fördert die Qualität der Planung und erhöht deren Akzeptanz. An die frühzeitige Öffentlichkeitsbeteiligung schließt sich die förmliche Öffentlichkeitsbeteiligung nach § 3 Absatz 2 Baugesetzbuch an. Sie beginnt mit der öffentlichen Auslegung des Planes und seiner Begründung. Dazu gehören auch alle umweltbezogenen Stellungnahmen. Jedermann muss diese Unterlagen einsehen können. Jedermann darf sich dann auch dazu äußern und eine Stellungnahme im Sinne von § 3 Absatz 2 Baugesetzbuch abgeben. Abgeben bedeutet, dass Einzelpersonen, aber auch Gruppen oder Vertreter einer Gruppe schriftlich, mündlich oder per E-Mail ihre Position, ihre Bedenken und ihre Anregungen vorbringen dürfen. Dies hat innerhalb einer Frist zu erfolgen. Alle Stellungnahmen müssen in das Abwägungsmaterial eingehen, keine einzige darf ignoriert werden. Sie müssen vielmehr von der Gemeinde sorgfältig geprüft werden. Das Ergebnis der Prüfung ist demjenigen, der sich geäußert hat, mitzuteilen.

Flächennutzungs- und Bebauungspläne rufen oft erhebliche Spannungen insbesondere mit den Grundstückseigentümern hervor. Diese Planungen treffen dazu hin meist eine große Zahl von (betroffenen) Menschen und grundverschiedene Träger öffentlicher Belange. Dies kann die Beteiligungsorganisation durch die Gemeinde manchmal extrem schwierig machen. Der Gesetzgeber hat dies gesehen und mit der Schaffung des § 4b Baugesetzbuch ausdrücklich auf Dritte als fachkompetente und neutrale Vermittler hingewiesen. Die »Mediation« und andere Verfahren der außergerichtlichen Konfliktbeilegung werden ausdrücklich erwähnt. Auch dies bedeutet verhandeln.

6. (Vergleichs-)Verhandlungen vor Gericht und Rechtsmittelverzicht

Jedermann hat Anspruch auf lückenlosen Rechtsschutz. Der Rechtsschutz verlangt aber nicht, dass die Verwaltungsgerichte die Exekutiventscheidung in jedem einzelnen Punkt überprüfen. Der Verwaltung wird Ermessen zugestanden und es gibt die Möglichkeit, auf Rechtsmittel zu verzichten. In Deutschland ist es leider fast schon üblich, dass Planfeststellungsbeschlüsse und Widerspruchsbescheide vor Gericht landen. In oft langwierigen Prozessen wird dann mit Beweisvorschlägen und der Benennung von Gutachtern und Gegengutachtern ein langes Verfahren in Gang gesetzt. Natürlich wird ein gutes Gericht auch Vergleichsverhandlungen führen und dadurch unter Umständen versuchen, Versäumnisse der Verwaltung nachträglich zu beheben, aber grundsätzlich sollte nicht das Gericht der Ort von Verhandlungen sein. Schon deshalb nicht, weil wie beschrieben, das Gericht nicht den gleichen Ermessensspielraum hat, wie die Verwaltung, sondern eine Entscheidung nur bei Ermessensfehlern aufheben darf. Der Ort und die Zeit von Verhandlungen sollte also das Verwaltungs- oder das vorgelagerte Konsensverfahren sein. Streitige Expertenfragen sollten nach Möglichkeit durch Einigung auf einen gemeinsamen von allen akzeptierten Experten zu einem Konsens führen. Eine Einigung auf der Verwaltungsebene kann dazu führen, dass die Bürger oder die Konfliktparteien in einem öffentlich-rechtlichen Vertrag ausdrücklich auf Rechtsmittel verzichten. Eine gute Verhandlung und Moderation durch die Verwaltung, bei denen der Handlungsspielraum gemeinsam ausgelotet, diskutiert und ausgefüllt wird, wird häufig auch dazu führen, dass Gerichte gar nicht mehr angerufen werden. Waren alle Betroffenen von der Verwaltung identifiziert und beteiligt worden und wurden in den Verhandlungen akzeptable Kompromisse erzielt, gibt es oft gar keinen Grund mehr, eine gerichtliche Überprüfung der letztendlich von der Verwaltung formal getroffenen Entscheidung herbeizuführen.

III. Zusammenfassung: Die erfolgreiche Verwaltung beteiligt die Bürger und verhandelt mit ihnen

Lange Verfahrensdauern bei der Verwaltung, dadurch hohe Kostenrisiken für die Projektträger und dann noch anschließende Gerichtsverfahren, machen die Umsetzung insbesondere von umweltrelevanten Vorhaben in Deutschland extrem schwierig. Hervorgerufen wird dies durch den Widerstand der unterschiedlichsten Interessengruppen gegen solche öffentlichen oder privaten Vorhaben. Die Partizipation der Bürger ist deshalb unumgänglich, wenn die Vorhaben gelingen sollen. Es gilt dabei insbesondere zu vermeiden, dass nur einer auf Kosten des anderen gewinnt, denn das produziert Unzufriedenheit, Proteste und Vertrauensverlust gegenüber Verwaltung, Unternehmen und Politik.

Die Verwaltung sollte bei allen größeren Projekten und bei absehbaren Akzeptanzproblemen immer mit einem informellen Beteiligungsprozess beginnen. Dazu gehört zunächst die umfassende Bürgerinformation. Die vom Projekt Betroffenen müssen immer als Adressaten, aber auch als Absender von zum Projekt unerlässlichen Informationen betrachtet werden. Bürgerpartizipation muss rechtzeitig erfolgen, im Vorfeld von behördlich-formalen Genehmigungsverfahren, die erst einsetzen, wenn Planungen bereits weit fortgeschritten sind. Die rechtlichen Rahmenbedingungen für diese Bürgerpartizipation sind nirgends

III. Zusammenfassung

verbindlich niedergelegt. Es bedarf deshalb einer systematischen Klarstellung, was Verfassung und Gesetze erlauben und möglich machen.

Zahlreiche Verfahren im Laufe der letzten etwa 30 Jahre zeigen, dass die Akzeptanz von partizipativer Bürgerbeteiligung zunimmt und interessierte Teilnehmer an von der Verwaltung initiierten Partizipationsverfahren positive Erlebnisse haben. Hier scheint sich ein Kulturwandel zu vollziehen. Die Verwaltung hat ein eigenes Interesse am Interessenausgleich. Das Gemeinwohl wird nicht mehr ausschließlich von der Gesetzgebung und der ausführenden Verwaltung definiert, sondern im Einzelfall auch von den Betroffenen einer Verwaltungsentscheidung. Der Bürger muss also kommunikativ einbezogen werden.

Zweifel bleiben allerdings angesichts der Eigenart des öffentlichen Rechts, dass die Umsetzung partizipativ gewonnener Ergebnisse auch im nachfolgenden formalen Behördenverfahren bestehen muss. Verfassungsrechtlich kommt die Letztentscheidung der zuständigen Behörde zu. Die Bindungswirkung konsensualer Beteiligungsverfahren ist also keine endgültige. Die ausgehandelten Vereinbarungen müssen auch in den formal folgenden Verwaltungsverfahren alle rechtlichen Voraussetzungen erfüllen. Es bleibt vor allem die Frage, wie die letztlich entscheidenden Behörden oder Parlamente in die partizipativen Verfahren eingebunden werden können. In der Praxis, das zeigen die aufgeführten Beispiele, ist es vor allem externen Moderatoren immer wieder gelungen in den partizipativ-dialogischen Verfahren gefundene Lösungsvorschläge in das nachfolgende formale Verwaltungsverfahren so einzubringen, dass sie umgesetzt werden konnten. Dies ist etwa bei der Straßen-Umfahrung Kluftern im Bodenseekreis gelungen; bei der Schlichtung Stuttgart 21 oder dem sogenannten Filder-Dialog allenfalls in Ansätzen. Klar ist dabei jedoch stets, dass der externe Schlichter, Moderator oder Mediator nicht entscheiden, sondern nur vorschlagen darf. Der Rechtsstaat verlangt die Letztentscheidung durch demokratisch legitimierte Staatsorgane. In das formal vorgesehene Verwaltungsverfahren darf der Externe allenfalls als Berater einbezogen werden, eine

»Beleihung« mit hoheitlichen Funktionen ist rechtlich zwar nicht völlig ausgeschlossen, aber nicht empfehlenswert. Das spricht in vielen Fällen auch dafür, dass der Moderator aus der entscheidenden Behörde kommt. Wenn er eine gewisse Offenheit mitbringt und dadurch das Vertrauen der Bürger gewinnt, braucht er nicht neutral wie ein Externer zu sein. Auch er kann bürgerschaftlichen und Expertenrat einholen und mit seiner Aufgeschlossenheit alle Konfliktlinien offenlegen und einer Lösung näherbringen. Geschieht dies im Vorfeld des formalen Verfahrens ist auch denkbar, dass der Moderator einer anderen als der entscheidenden Behörde angehört oder einer anderen nicht betroffenen Abteilung einer entscheidenden Behörde – er hat dann genauso wie ein Externer keine Entscheidungsbefugnis. Bei den baden-württembergischen Regierungspräsidien könnte dies beispielsweise die bei der Behördenleitung angesiedelte Koordinierungsstelle sein. Dies könnte vor allem die von der Politik so oft gehörte Kritik, die Verwaltung würde zu viele externe Beratungsleistungen teuer einkaufen, abschwächen.

Jede Verwaltungsbehörde trifft vor Ort täglich zahlreiche Entscheidungen zulasten oder zugunsten der Bürger. Vieles spielt sich im Bereich der »gebundenen« Verwaltung ab. Hier haben die Behördenmitarbeiter keinerlei Entscheidungsspielraum. Sie ermitteln den Sachverhalt und wenn dieser der gesetzlichen Vorgabe entspricht, müssen sie ihre belastende Entscheidung unzweifelhaft so treffen, wie es im Gesetz steht. Oder dem Bürger das Beantragte genau nach dem Gesetzeswortlaut gewähren. Nur wenig Freiheit gibt es bei der Sachverhaltsfeststellung, wenn der Gesetzgeber einen unbestimmten Rechtsbegriff gewählt hat. Schreibt das Gesetz etwa von der »Zuverlässigkeit« des Gewerbetreibenden oder der »gesundheitlichen Eignung« des Führerscheinbewerbers, muss die Verwaltung bei der Gesetzesanwendung auf den Einzelfall genau diesen Begriff ausfüllen. Hierbei ergibt sich im engen Rahmen ein Spielraum für die Subsumtion und damit ein Ansatz für den Dialog mit dem Bürger, der die möglichen Besonderheiten des Einzelfalls und besondere persönliche Umstände aufdeckt und eine gute Verwaltungs-

III. Zusammenfassung

entscheidung ermöglicht. Weiter ist der Spielraum bei Ermessensentscheidungen auf der Rechtsfolgenseite, wenn die Verwaltung nach dem Willen des Gesetzgebers »kann« oder »soll«. Hier ist der Dialog mit dem Bürger und das Gespräch mit möglichen Drittbetroffenen wie Nachbarn geradezu zwingend für eine gute und vom Bürger akzeptierte Entscheidung. Wenn in diesem Dialog alle Einzelfallaspekte und die Folgen der Entscheidung für die Betroffenen diskutiert und verhandelt werden können, wird die Verwaltung mehr Akzeptanz erzielen.

Der Gesetzgeber tut gut daran, wenn er weniger auf Perfektion und Einzelfallgerechtigkeit im Gesetzestext abzielt und der Verwaltung durch unbestimmte Rechtsbegriffe und Ermessensregelungen künftig mehr Spielraum gibt. Einzelfallgerechtigkeit im Gesetzestext ist eine Illusion. Einzelfallgerechtigkeit lässt sich nur durch eine gute Verwaltung vor Ort erzielen.